教育部人文社会科学研究规划基金项目“我国体育用品制造业的去地方化问题与转型升级研究”（17YJA890002）

浙江师范大学体育文库

我国体育用品制造业的空间转移与转型升级

戴 艳 朱华友 等◎著

SPATIAL TRANSFER, TRANSFORMATION AND UPGRADING OF CHINA'S SPORTING GOODS MANUFACTURING INDUSTRY

图书在版编目（CIP）数据

我国体育用品制造业的空间转移与转型升级/戴艳等著．—北京：经济管理出版社，2020.10

ISBN 978-7-5096-7434-5

Ⅰ.①我…　Ⅱ.①戴…　Ⅲ.①体育用品—制造工业—研究—中国　Ⅳ.①F426.89

中国版本图书馆 CIP 数据核字(2020)第 158463 号

组稿编辑：魏晨红
责任编辑：魏晨红
责任印制：黄章平
责任校对：陈　颖

出版发行：经济管理出版社
（北京市海淀区北蜂窝 8 号中雅大厦 A 座 11 层　100038）
网　　址：www.E-mp.com.cn
电　　话：（010）51915602
印　　刷：北京市海淀区唐家岭福利印刷厂
经　　销：新华书店
开　　本：710mm×1000mm/16
印　　张：10.75
字　　数：151 千字
版　　次：2020 年 10 月第 1 版　　2020 年 10 月第 1 次印刷
书　　号：ISBN 978-7-5096-7434-5
定　　价：58.00 元

前　言

体育用品制造业空间转移和转型升级是当前我国体育产业发展的两个重要命题，是我国体育产业发展到现阶段的历史必然。

首先谈谈产业为什么转移。产业转移的主体是企业，企业生产的空间发生变化，也称为企业再区位或企业空间重构。企业再区位既有内生因素驱动，也有外部因素推动。内生因素主要有获取原材料、占领市场、靠近市场或开拓市场，是基于企业自身战略方面的考虑，这些因素是企业发展过程的主观因素。外部因素推动：一是成本推动，如我国沿海地区企业因劳动力价格上升、土地价格上升而引起的向中西部地区转移；二是政策推动，如受我国中西部地区招商引资的优惠政策的吸引，或受我国东部地区“腾笼换鸟”式产业结构优化的影响。还有一个重要因素是全球生产网络权力，网络权力具体分为强制权、奖赏权、参照权、专家权、法定权五种。在全球生产网络中，企业转移时需考虑自身与母地生产网络或投资地生产网络的依存关系，网络权力关系成为企业投资决策的重要因素。这种本地企业受跨国公司网络主控权的影响被动地选择转移的空间过程，也称为去地方化。其内涵表现在两个方面：一是在全球生产网络中，一些企业受跨国公司或全球贸易商的权力制约，逐订单或客户而居；二是一些“松脚（Footloose）型”企业容易受到生产或交易成本的影响，走低端发展道路，逐成本而居。它们共同的特征是缺少地方化特征，在产业空间中滑来滑去。

其次再谈谈企业转型升级。企业转型升级一方面是转型，即企业生产从一种类型转到另一种类型，如从粗放型到集约型、从劳动密集型到资本密集型等；另一方面是升级。关于企业升级的含义比较经典的解读是格里芬（Gereffi G.）认为的四个层次：一是在产品层次上的升级，即从简单到复杂的同类型产品；二是在经济活动层次上的升级，包括不断提升的设计、生产和营销能力；三是在部门内层次上的升级，如从最终环节的制造到更高价值产品和服务的生产，也包括供应链的前向和后向联系；四是在部门间层次上的升级，即从低价值、劳动密集型产业到资本和技术密集型产业。升级的实质是直接把企业的生产能力以及竞争力的提高视为产业升级的本源。可以看出，企业转型和企业升级具有内在关联，有时候是同一过程。因此，学术界往往将转型和升级放在一起表述是有其内在逻辑的。

企业空间转移与企业转型升级的关系不外乎三种：一是企业转移促进了企业转型升级；二是企业转移与企业转型升级无关；三是企业转移导致了企业降级。如果企业转移是为了获取实现技术提升或实现某种突破，那就是第一种关系。如果企业转型只是为了扩大市场，或追逐低生产成本，或被动地跟随跨国公司转移，那就与转移升级没有关系。第三种情形也比较常见，如一些学者对欧洲三角制造网络中的希腊—保加利亚服装集群案例的研究表明，大多数希腊企业没有成功完成升级，但它却是成功的关键。因此可以说，在特定背景下，降级也可以导致积极的结果。如企业为了占领市场，向较低价值产品生产的转变以及过程降级。通常人们总是希望企业能够转型升级，但企业生存是第一位的，因此在一些情况下，企业降级也未必不是一个好的选择。

我国经济社会发展进入了一个新的阶段，2019 年人均 GDP 达到 1 万亿美元，根据世界经济发展的经验，有学者断言我国已经跨过了“中等收入陷阱”，但是并不意味着我们下一步的发展是一帆风顺的，相反我们可能会面临更多更大的挑战。在这个背景下，亟须破解制约我国制造业发展的一些关键问题。首先是核心关键技术的突破，表现在航空航天领域、高端装备制造领域、生物材料领域和人工智能领域等。其次是高端生产环节问题，传统的低端组装加工不仅附加值低，也不具有国际竞争力，必须努力实现全球价值链攀升。再次是生产方式问题，传统的高要素投入、高污染生产和低产出率必须被新的高质量发展观替代。最后是新旧动能转换问题。以往我国经济增长的动能是“三驾马车”——投资、消费和出口，对经济增长的拉动力在减弱。要培育新的动能，转向新“三驾马车”，即深度城市化、消费升级和“一带一路”。深度城市化强调有效投资，强调形成内生增长能力。消费升级是指人们消费的品质提高，消费的内涵扩大，同时发展新型的消费增长点。“一带一路”代表的是新全球化的理念、全新的对外利益交换格局和策略。

我国体育产业作为朝阳产业、绿色产业，正成为实现经济高质量发展的一股新兴力量。截至2017年，全国体育产业总规模达2.2万亿元，其中体育用品及相关产品制造的总产出为13509.2亿元，占总产出的61.4%，增速达12.93%。作为占比最高的细分产业，体育用品制造业持续快速壮大，逐步发展为体育产业中最具活力和竞争力的支柱产业。体育产业的蓬勃发展对刺激消费、带动经济的战略性作用已引起国家层面的重视。国务院办公厅于2014年10月20日发布的《国务院关于加快发展体育产业促进体育消费的若干意见》指出，发展体育产业有利于培养新的经济增长点，并提出至2025年，体育产业总规模要超过5万亿元的发展目标。但是我国体育用品制造业也存在转型升级的困难。一方面，我国体育用品制造业成功嵌入全球价值链，极大地促进了体育产业的蓬勃发展；另一方面，由于我国长期承接海外体育制造业中低端环节的转移，受要素成本上涨、供求关系变化以及生态环境制约等影响，体育用品制造业面临着产品升级陷入滞缓、增速与经营效益趋于弱化等难题。与此同时，我国体育用品制造业呈现明显的差异化分布，绝大多数集中在长三角洲、珠江三角洲、京津冀等主要经济区，仅广东、福建、江苏、浙江和上海五省市的体育用品制造业规模就占到全国总产量的85%以上，区域发展失衡问题日益凸显。

与此同时，我国体育用品制造业也面临产业转移的问题。近年来，随着我国东部沿海地区生产要素成本的上升，部分体育用品制造企业开始转移。国际转移和国内转移几乎同步进行。从国际转移来看，国际品牌运动鞋及便服鞋代工巨头裕元集团2009年就在孟加拉国设立鞋厂，其主要目的是利用境外低廉的人力资源降低自身成本。为了稳固和提升市场地位，以裕元集团为代表的我国体育龙头企业从代工、加工环节向供应链增值和自主体育品牌建设发展，从全球价值链的低端环节跨越到全球化生产组织者的角色。截至2016年，裕元集团的生产基地已经扩展到中国香港、越南、印度尼西亚、柬埔寨、缅甸以及孟加拉国等多个国家和地区，为实现供应链的整合，又入股全球休闲包、背包制造及供应链管理市场的巨头其利集团。从国内转移来看，“李宁”于2009年将生产基地从“珠三角”“长三角”搬至湖北省荆门市，欲投资打造中国最大的体育用品集散地，2018年“李宁”又启动广西—东盟经济技术开发区供应基地，试图在转移的同时促进产业转型升级；“安踏”2011年在安徽省安丰镇工业园区落地；“特步”等20多家轻纺鞋服类企业于2013年前在江西省乐安县集聚。

我国体育用品制造业的转移导致了生产布局的转变，但是否可以帮助我国体育用品制造业摆脱低端锁定困境还很难说。也就是说，产业转移是否促进了转型升级有待验证，可能一些企业实现了升级，但肯定不是全部。值得一提的是，我国体育用品制造业走出去是一个好的现象，说明了企业具有了对外直接投资逆向技术溢出效应的能力和理念。从广义层面来说，对外直接投资逆向技术溢出效应是投资国通过向东道国进行直接投资从而对本国技术水平变动产生的影响。已有的研究从理论上证明了对外直接投资是发展中国家实现技术跳跃式增长的一条有效路径。例如，安踏公司有意以46亿欧元收购芬兰体育集团亚玛芬体育（AMER SPORTS），即使可能存在较高的溢价，但从长远来看，有利于其国际化品牌战略的推进，有利于其网络权力的提升和发展潜力的拓展，是对全球生产网络中的综合价值最大化的追逐。

从国内转移来看，我国体育用品制造业向中西部转移多是一些生产环节的转移，或是产能扩大的转移，企业研发总部多是留在沿海一线城市。这在客观上加大了我国体育用品制造业创新能力的空间差异，“长三角”、“泛珠三角”、京津冀与东北之间的差距均在波动中呈扩大的态势。创新能力呈现出两极化发展的分布趋势，长三角经济区两极分化现象有所减缓，而京津冀经济区则反之，两极分化现象加重。泛珠三角与东北经济区始终呈两极分化和多极化趋势。尽管政府支持和对外开放度为落后区域带来了资金和政策的优惠、先进的技术以及丰富的管理经验，落后区域在吸收先进技术和获得丰富的管理经验后会使体育用品制造业的创新能力增长速度得到提升，但是创新能力差异会加大我国体育用品制造业地区发展水平的不平衡。

体育用品制造业包括的门类十分广泛，产品质量的好坏影响到国民素质的整体提升，是一个国家体育产业发展水平的标志。同很多制造业一样，我国体育用品制造业的发展陷入了低端发展的路径依赖，走“创新动力不足—技术含量低—产品附加值低—企业利润微薄—缺少创新投资能力”的路子。一些企业依靠技术采购和技术模仿在较长的时期能够获取高额的利润，对技术创新、新产品开发和品牌营销等获取核心竞争力的行为缺乏热情。一些企业设备陈旧、生产工艺落后、产品换代周期长，几乎没有专门的产品研发机构。一些企业缺少自主核心技术支撑，主要是依靠来料加工和简单模仿知名公司的设计，致使产品在国际国内市场上缺乏竞争力，企业面临越来越大的压力。如何实现我国体育用品制造业从路径依赖到路径突破，是一个现实且长远的问题。路径突破，既需要外力推动，更需要内力培育。从外力推动来讲，需要通过推动顶层设计的“自上而下”保障产业发展的动力，进而增强“自下而上”激发产业发展的活力。从内力培育来讲，企业首先应当转变观念，通过经营理念创新和技术创新，秉承工匠精神，围绕研发、设计、营销、品牌培育、供应链管理等环节，不断推动技术创新，努力实现产品升级、功能升级、质量升级和技术升级。地方政府还应在深入分析地方体育用品制造业发展阶段、驱动模式、治理结构和战略环节的基础上，制定区域集群发展规划、升级战略和促进政策，以促进自主技术和自有品牌的“两自”发展核心，实行分类指导，引导体育用品制造业选择科学、有效的升级路径和升级战略。同时要发挥市场经济的作用，让市场成为资源配置的有效方式。一方面进一步强化市场在资源配置中的决定性作用，另一方面要改革现有的管理体制，发挥政府的强大的引导力以及文化的助推力，开启体育用品制造业转型升级的全新征程，培育有中国特色的体育用品制造业文化，实现我国体育用品制造业由大变强的历史跨越。

目录

第一章　绪论

第一节　研究背景

一、现实背景

自我国于2013年提出“一带一路”倡议以来，“一带一路”逐渐由理论层面向实践层面转变和推进。在“一带一路”倡议背景下，2015年《推动共建丝绸之路经济带和21世纪海上丝绸之路的愿景与行动》的发布，为我国体育用品制造业的发展战略指明了方向。目前，我国一些体育用品制造业，如“安踏”“特步”“亚礼得”“鸿星尔克”已在东盟部分国家设立了分公司，有些企业已在所在国设厂并启动了制鞋生产线，开始了“一带一路”沿线我国体育用品制造业的布局。从国内来看，近年来随着我国东部沿海地区生产要素成本的上升，部分体育用品制造企业开始转移：如“李宁”于2009年将生产基地从珠三角、长三角搬至湖北省荆门市，欲投资打造中国最大的体育用品集散地，2018年“李宁”又启动广西—东盟经济技术开发区供应基地，试图在转移的同时促进产业转型升级；2011年“安踏”在安徽省安丰镇工业园区落地；“特步”等20多家轻纺鞋服类企业于2013年前在江西省乐安县集聚。但是，由于国际知名体育品牌仍然占领国际高端体育用品市场，我国大部分体育用品企业还是处于全球价值链的低端环节，产品同质化现象严重且核心竞争力不够；同时市场定位相对低端，在企业规模、生产方式、创新能力、固定成本等方面也存在劣势。我国已经拥有全球65%以上的体育用品生产份额，其中运动服装、运动鞋占世界份额高达80%左右，世界几乎所有品牌在我国都有加工，是全球公认的体育用品生产大国。目前我国一些省市已经形成不同的体育用品制造业产业链，如福建省体育制造业涵盖体育服装、运动鞋帽、球类、体育器材及配件（含训练健身器材和运动防护用具）以及其他体育用品制造等组成的较为完整的产业链，黑龙江冰雪装备制造业拥有国内最大的冰上综合器材生产企业——齐齐哈尔黑龙冰刀制造有限公司，形成生产冰鞋、冰雪服、护具等集冰雪于一身的产业链。但同时体育用品制造业也面临诸多转型升级的问题和困境，如我国许多体育用品制造企业还停留在手工作坊式的生产阶段，缺乏自主知识产权的原创技术，低水平重复过度竞争、中高档产品少而“大路货”多、产品同质化竞争的问题较为突出，陷入出口方面竞相压价的恶性循环。另外，发达国家再工业化给我国体育用品制造业带来了冲击，代工转移使我国体育用品制造业的发展面临新的考验，如何解决这些问题对我国体育用品制造业的健康发展十分重要。

二、理论背景

学者们对我国体育用品制造业的空间转移和转型升级进行了较多的研究。从我国体育用品制造业的空间转移来看，大部分研究集中在国内东部地区向中西部转移，对向国外转移的研究较少。杨明（2013）将中国体育产业的转移分为依靠外资和依靠国内价值链来转移，并建议中西部地区可以通过逐步融入体育用品制造产业全球价值链（GVC）与体育用品制造产业国内

价值链（NVC）的方式承接体育产业。樊小玲（2014）分析了海峡两岸体育用品产业发展现状以及产业转移背景，分析了台湾地区产业转移的规律、诱因以及大陆地区的优势和问题。邢中有（2016）将我国体育用品制造产业转移的发展历程划分为依托全球价值链承接、依靠对外投资进行产业国际转移、凭借国内价值链实施国内转移和国际转移三个具有不同特征的阶段。许玲（2011）则从海外并购案例入手，认为产能过剩以及核心科技的缺乏是促使中国体育产业寻求全球价值链环节攀升与产业结构升级的“双重动力”。张艳霞和王凤仙（2014）认为中国体育企业面对中国—东盟自贸区的机遇，可以通过在东盟贸易区实施“本地化”经营的方式，从而避开贸易壁垒。

从我国体育用品制造业的转型升级来看，研究多集中于全球价值链视角或全球价链与国内价值链融合视角，其他视角的较少。①基于全球价值链的升级。潘四凤（2010）从后危机时代的全球价值链入手，探讨中国体育用品产业如何制定产品战略和发展路径，克服产品内国际分工中的低端锁定的问题。徐永鑫和吕玉萍（2015）从全球价值链的理论出发，建议地方体育产业在面临成本上升的瓶颈时，应该考虑剥离加工环节，融入全球产业链并争取进入更高级别的价值环节以获取更高的附加值。谢洪伟和张红艳（2009）基于全球价值链理论分析框架，系统分析了区域体育用品制造产业集群治理主体、治理模式、价值链驱动力及一般升级方式。②基于全球价值链与国内价值链融合的升级。向绍信（2014）基于国内价值链、区域价值链和全球价值链理论构建了我国体育用品产业升级路径模型。谢军等（2015）从 GVC 与 NVC 的视角，提出构建国内价值链的前提条件，以安踏公司升级的案例探讨构建国内价值链的方式与途径。张强等（2016）研究了体育用品国家价值链的构建及产业升级。③其他视角的升级。夏碧莹（2011）从提高我国体育用品制造业国际竞争力的视角究提出一系列对策建议。季雯婷等（2016）研究了经济新常态下江苏体育用品制造业升级的挑战与机遇。谈艳等（2017）基于省（市）级面板数据，研究了中国体育用品制造业转型升级的影响因素。

从我国体育用品企业的国际化来看，我国体育用品企业的国际化与国际转移存在诸多关联，但内涵和形式不同。杨明（2013）以2011中国国际体育用品博览会参会企业为例，对我国中小型体育用品制造企业国际化进行了分析。陈正奇（2014）以李宁品牌的国际化途径为研究对象，对中国体育用品行业品牌未来的国际化发展提出建议对策。许阳（2016）则以安踏体育为例来研究中国自主体育品牌的国际化，分析安踏公司在品牌国际化实施过程中的影响因素与对策。李迪（2016）以“李宁”“安踏”“361°”“匹克”四家知名体育用品企业为样本，从海外销售占比、国际赞助频次等八个角度对品牌的国际化程度进行了评估和比较。然而，宋娜梅（2013）发现我国体育用品制造业国际化进程对经营管理绩效产生了明显的负向影响。

综上所述，相关文献为本书提供了较多的理论指导和工具支持，但是对于我国体育用品制造业的发展来说，在学术思想和研究内容上有进一步拓展的必要。虽然文献对我国体育用品制造业的转移和升级有较多的研究，但是基本上相对独立，且缺少向国外转移的研究。因此，本书基于全球化背景，研究我国体育用品制造业的空间格局、区域效应及升级路径，既有助于丰富产业转移和升级理论，也为政府更好地制定和实施体育产业转移政策提供理论依据，其学术价值和现实意义是明显的。

第二节 研究意义

一、实现我国体育产业空间布局优化

一是推动体育产业空间布局进一步拓展。上海合作组织、亚太经合组织、中亚区域经济合作、中国—海合会战略对话、中亚区域经济合作、中国—东盟“10+1”等组织和机制将随着“一带一路”倡议布局的深入达到新的黏合水平，从而推动沿线国家在体育经贸、体育服务业等领域展开双边和多边的全方位空间合作。二是促进体育产业空间布局进一步落地。伴随“一带一路”沿线国家产业分工的进一步深化和细化，国内优秀体育用品制造企业通过跨国设厂、直接投资等方式将低端价值链产品进行对外转移，推动体育用品业快速向高端产品升级。同时，“一带一路”西端是发达的欧洲经济圈，涉及沿线多个国家，贯通了中国与欧洲连接之路。通过与该地区“零距离”接触，将获得最新的理念、开拓的思路和应用的实践，推进体育产业全要素生产效率的全面化、立体化提升。三是在整体上着力培育体育用品制造业国内价值链。目前，我国虽有不少知名体育品牌，如“李宁”“安踏”“鸿星尔克”等，但在国际上认可度还不够，因此，需要实现国内价值链上的升级。我国巨大的市场规模及区域差异的存在为产业链的延伸提供了空间，东部地区可逐步向研发和设计等高端环节攀升，中西部地区可利用劳动力及资源优势承接体育用品加工生产环节，从而构建体育用品制造业国内价值链。

二、提升我国体育用品制造业创新能力

技术创新是体育用品制造业转型升级的动力，体育企业首先应当转变观念，通过经营理念创新和技术创新，调整产业结构，通过提高生产力水平和劳动生产率，改变以往体育产业粗放型的经济增长方式。其次，利用互联网提供的信息服务降低交易成本，构建纠错机制，在技术研发与创新过程中积极发挥作用，及时修正创新过程中出现的问题，进而降低企业创新风险，激发企业技术开发主体的自主性与能动性。最后，要摆脱以往依靠投入大量人力、物力换来的粗放式增长，化解过剩产能，压缩低效投资，拓展互联网思维、大数据应用的营销策略，扩大有效供给，优化投资结构，促进企业转型和创新发展。

三、利用产业转移促进体育用品制造业转型升级

体育产业在发展过程中应依附于交通条件、经济能力等创新产业发展形势，且从完善功能定位、优化产业布局等途径入手来应对传统发展模式下凸显出的相应问题，并优化体育产业环境。各地区按照体育用品制造业竞合战略的空间规划，利用梯度转移效应逐步将目前传统的以劳动密集型为主的体育用品制造产业由地价稀缺、昂贵，劳动力紧张，资源成本高以及产品原材料价格高的核心区逐步向内地转移，并借此形成更为合理的分工，在此基础上促进体育用品制造业转型升级。

第三节　研究内容

将体育用品制造业转移和转型升级过程纳入全球—本地张力作用下的宏观

框架中，分析我国体育用品制造业的空间转移格局和驱动力，揭示我国体育用品制造业转移的方向、路径；从产业转移—转型升级的关系出发，从微观角度研究体育用品制造业的转移与升级的关系，探讨我国体育用品制造业升级能力的地区差距、影响因素。根据典型案例分析，对我国体育用品制造业转移的机理进行理论诠释，揭示我国体育用品制造业转型升级的路径。

第一章，绪论。提出问题并对研究问题的背景和意义进行分析。

第二章，我国体育用品制造业的国际转移。从全球生产网络视角分析我国体育用品制造业国际转移的动力机制和空间格局。认为我国体育用品制造业国际转移呈现出网络化、多元化、集群化、主动化的新趋势，其动力来源有三点：一是寻求我国体育用品制造业价值链的重构；二是试图跨越后发国家可能面临的价值链固化的“网络陷阱”；三是追逐包括竞争优势和网络权力等隐形收益在内的综合利益最大化。但是，这种自觉行动和主动作为可能受到价值链上端发达国家的阻击。因此，我国体育用品制造业要利用研发设计和品牌营销价值链的发育突破门限效应，积极开展跨境并购和逆向投资活动弥补比较劣势，并逐步回归到研发本土化，利用国内中小体育用品企业构建由自己主导的价值链，以全球布局应对潜在的贸易风险。

第三章，我国体育用品制造业的国内转移。基于中国工企数据库，分析我国体育用品制造业转移的方向路径及影响因素。结合我国体育用品制造业的区位熵及产值份额变化量来识别体育用品制造业的转移，通过标准差椭圆结果分析其转移的方向、路径与距离，同时运用逻辑模型对短面板数据进行回归，分析 2000 ~ 2015 年影响我国体育用品制造业转移的因素，认为产业固定资产投资、人力资源、技术水平、基础设施、经济支撑是促进我国体育用品制造业转入的主要因素。人力成本越高、地方政府税收越高则会降低产业转入的概率，其中人力资源与地方政府政策影响程度最大。

第四章，我国体育用品制造业创新能力差异及收敛性分析。利用全局主成分法对全国 31 个省份的体育用品制造业创新能力进行比较，并应用收敛模型进行检验。认为我国各省份体育用品制造业创新能力的差距较大，各省份间体育用品制造业创新能力差异在逐步扩大。各省份的体育用品制造业创新能力增长速度呈现收敛趋势，落后地区在吸收先进技术和获得丰富的管理经验后，会使体育用品制造业的创新能力增长速度得到提升，最终各地区之间达到一个稳态发展的水平。

第五章，我国体育用品制造业升级能力的地区差距及分布动态演进。通过构建我国体育用品制造业升级能力综合评价指标体系，采用熵值法对全国 22 个省份 2007 ~ 2015 年的体育用品制造业升级能力进行了评价，并运用 Dagum 基尼系数分解法和核密度估计法对我国四个主要经济区体育用品制造业升级能力的空间非均衡及分布动态演化进行了实证。认为我国体育用品制造业升级能力分布呈现东强西弱、南强北弱的格局。长三角经济区的体育用品制造业升级能力始终高于全国平均水平，而京津冀和东北经济区的产业升级能力均低于全国平均水平。虽然我国体育用品制造业升级能力在样本考察期内略有提升，但各经济区内出现了两极分化和多极化趋势。

第六章，我国体育用品制造业转型升级的影响因素及提升策略。在我国体育用品制造业全球价值链分工研究的基础上，对我国体育用品制造业转型升级的影响因素进行了实证分析。认为研发投入水平、劳动力成本、外商投资和出口倾向对产业转型升级具有显著的影响，但各影响因素存在区域差异性。在案例分析的基础上，提出了我国体育用品制造业转型升级的提升策略。

第二章　我国体育用品制造业的国际转移

第一节　我国体育用品制造业国际转移的趋势及动力机制

体育产业是我国确立的绿色产业、朝阳产业①，可以分为体育设施、体育用品和体育服务业三类（Lee S Y，2017），其中体育用品及其相关产品制造是支撑我国体育主体产业发展的重要力量（项亚光等，2018），2017 年的总产值已达到全国体育产业总产值的 61.4%②。我国体育用品制造企业长期承担着全球体育用品生产网络的低附加值环节，在东部地区要素成本上升和全球贸易形势恶化的背景下，开始新一轮转移的浪潮，大量企业逐渐向国内中西部地区和其他国家转移（李大帅，2018）。在当前全球生产网络分工中，产业间的边界

---

① 国务院关于加快发展体育产业促进体育消费的若干意见［EB/OL］. http：//www. gov. cn/zhengce/content/2014 - 10/20/content_ 9152. htm.

② 2017 年全国体育产业总规模与增加值数据公告［EB/OL］. http：//www. stats. gov. cn/tjsj/zxfb/201901/t20190108_ 1643790. html.

日益模糊，转移不再是不同梯度国家间的单向移动（陈琦，2011），转移的动因也随行业的不同有所不同（王艳华等，2017）。作为一种贸易实践，无论是雁形模式理论（Akamatsu K，1962）、产品生命周期理论（Vernon R，1966）、国际生产折衷理论（Dunning J H，1998）还是梯度转移理论，都难以单独解释我国体育用品产业国际转移的全貌。实际上，我国体育用品制造业面临着发达国家和新兴经济体的双重挤压，国际转移的同时伴随着国内转移，产业空间布局调整加快，影响体育产业国际转移的因素更加复杂。正确把握转移浪潮中的这种新趋势和动力机制，既有助于我国体育用品制造业实现全球价值链的攀升，也有助于我国体育主体产业的发育和成熟。

从既有研究来看，一是将发展中国家的后发企业视为全球生产网络的被动参与者，未能准确反映我国体育用品制造业主动融入的实践；二是针对体育用品国际转移的动因，从要素成本变化、订单转移、金融发展等经济因素考虑较多，对价值链重构、网络权力攫取等其他因素考虑较少，或者说缺乏较综合的分析框架；三是对新一轮的体育产业国际转移理论研究稍显滞后，对新趋势与特点的分析不够细致，一定程度上影响了对国际转移机理的研究，也影响了相关政策的实施效果。基于此，本书对我国体育用品制造业国际转移的新趋势进行解读，从转移方向、转移路径、转移形式、转移目标等多个维度归纳其特点，并借助全球生产网络框架分析新趋势背后的动力机制，为应对我国体育用品制造业低成本优势快速递减和新竞争比较优势尚未形成的局面提供理论支撑。

一、全球生产网络中我国体育用品制造业国际转移的新趋势

（一）转移方向：由单向的链式转移向交错的网络转移转变

体育用品制造业的国际转移历程分为四个阶段：一是由英国转移至美国和欧洲其他国家，以美国为主，承接区主要分布在美国马萨诸塞州（Massachusetts）和密西西比河（Mississippi River）周边以及法国的东南部；二是由美国

转移至日本和德国（原西德部分），以日本为主，承接体育用品类型主要为运动鞋服、球类用具和旅行相关用品；三是由日本转移至韩国、中国台湾和中国香港，其中韩国体育用品产业发展最为迅速；四是由韩国、中国台湾、中国香港等国家和地区转移至中国大陆和东盟国家，承接区主要分布在我国福建省和广东省。可以看出，既有的体育用品制造业国际转移基本呈现单向的、链式的转移，承接地将相对核心的制造环节保留在国内（地区内），然后将劳动密集型环节转移至更具比较优势的国家和地区。如图 2 -1（a）所示。

但是，当前我国体育用品制造业的国际转移呈现出交错的格局，如图 2 -1（b）所示。发达国家、发展中国家和新兴工业化国家形成贸易分工的三角网络，国际转移在三角网络中进行且呈现交错状态。一是欧美发达国家向中国等新兴工业化国家转移研发环节，如总部位于德国的彪马（PUMA）集团 2014 年在杭州成立研发中心，总部位于美国的耐克（NIKE）公司在台湾成立研发中心。二是新兴工业化国家向更低产业梯度的发展中国家转移逐渐失去比较优势的制造环节，如作为体育品牌重要供应商的申洲集团 2013 年在越南建造面料工厂，2015 年在越南建造成衣工厂，2018 年在柬埔寨金边经济特区建造下游成衣生产设施。三是欧美发达国家向发展中国家转移生产制造环节，如美国鞋履配饰集团史蒂夫·马登（STEVE MADDEN）将中国的生产线转移至柬埔寨，并继续扩大在柬埔寨的产能。四是新兴工业化国家向欧美发达国家转移研发环节，例如，中国的安踏公司在美国、日本、韩国等国家设立研发设计中心。五是欧美发达国家生产制造环节的回流，如阿迪达斯（ADIDAS）公司在德国开设的智能化制鞋工厂“速度工厂”于 2017 年投产。至此，体育用品制造业的国际转移不再局限于“发达国家→新兴工业化国家→发展中国家”梯度递进的单一模式，而是形成“新兴工业化国家→发展中国家、发达国家→发展中国家、发展中国家→发达国家”等交错共存的转移网络。

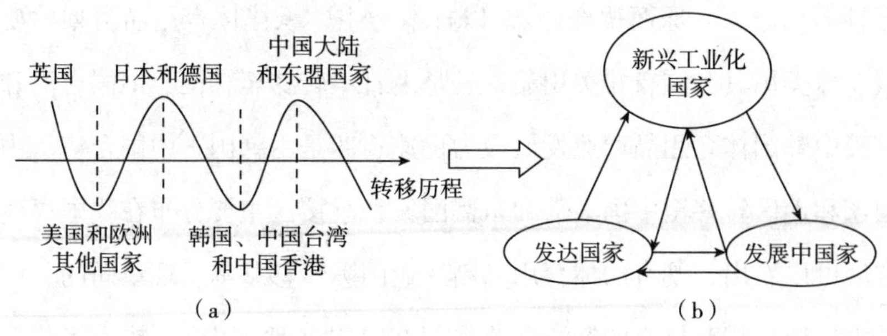

图2－1　全球体育用品制造业国际转移方向的转变

（二）转移路径：由承接外包与利用外资向绿地投资与跨境并购转变

长期以来，我国体育用品制造业承接国际转移主要存在两种模式，一种是内资企业承接跨国运动品牌商的外包业务即“承接外包”模式；另一种是利用国外品牌运动商的投资即“利用外资”模式。国际产业转移从最终产品交换演变成中间产品交换的工序转移，跨国公司选择将部分非核心业务和职能外包给中国，以降低运营成本，强化自身的竞争优势。例如，耐克（NIKE）公司在中国设立过上百家代工厂，除关键技术部分外的制造环节均由我国外部供应商完成。而我国具有学习能力的企业在外包生产中获得先进生产管理经验，弥补了自身技术劣势，逐步获取相对竞争优势并发展壮大，实现价值链跃迁。生产经营规模扩大以后，又形成独资、合资、非股权安排等多元化的格局。

当前，中国体育用品制造业龙头企业绿地投资和跨境并购的动作不断。例如：卡奴迪路公司2015年收购高级时尚运动品牌运营商利维塔斯（LEVITAS）；安踏公司2015年收购英国户外休闲、登山运动品牌史博兰迪（SPRANDI），2016年引入日本知名功能运动服装品牌迪桑特（DESCENTE），2018年宣布将全资收购芬兰的运动品牌巨头亚玛芬体育（AMER SPORTS）。一方面，目前全球体育用品的消费市场仍然以发达国家为主，直接对发达国家进行投资是靠近消费市场的需要，能够加快对市场的响应；另一方面，并购高

端体育品牌“借船出海”的方式比自主孵化风险低，有利于打开国际市场，提高先进技术的商品转化效率。另外，发达国家存在许多研发设计实力强但规模较小的企业，使国内企业展开技术合作、研发外包甚至并购成为可能。

（三）转移形式：由个体企业的自发行为向集群式抱团转移转变

我国体育用品制造业的新一轮国际转移，由过去基于要素成本上涨和国外市场占有考量的被动转移变为群体性的共识与自觉行动。例如，申洲集团和百隆东方公司在越南南部的西宁省布局，申洲集团的面料厂紧邻其棉纱供货商百隆东方公司，制成的面料可直接运送至5小时车程外的柬埔寨成衣工厂。这种集群式的抱团转移，既有利于重建订单沟通与生产联系，也有利于降低市场的不确定性风险，提高了与所在国（地区）当地政府的谈判能力，形成了“整体大于局部”的效果。地理空间的再集聚与越南本土原材料配套企业形成新的社会关系网络和创新网络，还有利于默会知识的传播。

从网络权力角度来看，我国体育用品制造业国际转移不仅包含类似于申洲集团和百隆东方公司这种“关系型”企业间的集体转移，还包含“领导型”企业间的集体转移。前者跟进转移主要是因为企业之间社会化协作程度高，且面临类似的市场和产能考验，能够达成共识；后者则是因为交易双方权力地位不平等、市场适应能力悬殊，下级厂商在领导厂商发生空间位置的转移之后产生的“俘获型”转移（朱华友和王缉慈，2014）。例如，天虹纺织集团2013年在越南东北部的广宁省布局，打造体育服装产业园区，利用全球包芯棉纺织品供应商的领导地位吸引多家纺织类企业，建立起我国体育服装企业的海外集聚联系。

（四）转移目标：由单纯的降低成本向综合的全球生产布局转变

我国体育用品制造业国际转移的个体行为开始较早，如国际品牌运动鞋及便服鞋代工巨头裕元集团2009年就在孟加拉国设立鞋厂，其主要目的是利用境外低廉的人力资源降低自身成本。为了稳固和提升市场地位，以裕元集团为代表的我国体育龙头企业从代工、加工环节向供应链增值和自主体育品牌建设发展，从全球价值链的低端环节跨越到全球化生产组织者的角色。截至 2016 年，裕元集团的生产基地已经扩展到中国香港、越南、印度尼西亚、柬埔寨、缅甸以及孟加拉国等多个国家和地区，为实现供应链的整合，又入股全球休闲包、背包制造及供应链管理市场的巨头其利集团。以往我国体育企业长期被动嵌入外国品牌体育商主导的全球生产网络，虽然价值链得到延长，但其增值能力却未明显增强。全球生产布局的转变，可以帮助我国体育用品企业摆脱可能陷入的低端锁定困境。

同样致力于全球生产布局的中国体育用品企业还有李宁公司和安踏公司。李宁公司除了继续在中国和东南亚进行生产布局外，还围绕“运动 + 时尚”的定位进行全球营销渠道建设，与时装周和文化 IP 联名增强时尚属性，与国际鞋业权威认证机构莎楚（SATRA）公司达成全面合作，从鞋类产品生产的被动接受者转变为鞋业生产标准制定者。安踏公司主要通过收购国外品牌和设立研发机构完成价值链升级和全球生产布局。例如，安踏公司依托收购和运营斐乐（FILA）的成功经验拓展多品牌运营，加强末端营销环节的掌控，在多个发达国家和成熟体育市场设立研发中心，加强前端研发环节的掌控。这种全球生产布局有利于构建由我国体育用品企业主导的全球生产链，进行全球创新开发的深度技术合作，实现增值链条的自主延伸与升级。

二、全球生产网络中我国体育用品制造业国际转移的动力机制

作为一种基于价值生产和分配整合的组织治理模式，体育用品全球生产网络有两大基本特征：一是体育用品制造流程的可分离性，二是体育用品制造业价值链的级差，两者共同构成了我国体育用品制造业国际转移新趋势的行动前提。实际上，无论是交错转移的新方向、集群式转移的新形式、绿地投资和并购的新路径，还是全球生产布局的新目标，其行动逻辑都是在全球生产网络中寻求价值链的解构与重整，跨越“网络陷阱”，获取更大的综合经济价值与网

络分工地位。

（一）全球生产网络中体育用品制造业价值链的解构与重整

全球生产网络中体育用品制造业价值链的不同环节所体现的附加值如图2－2所示。图2－2的横轴表示体育用品制造业的价值链环节，研发设计环节可以细分为基础研发、应用设计和适应性设计；生产制造环节可以细分为劳动密集型制造、资本密集型制造和技术密集型制造；品牌营销环节又可以细分为一般性服务、本土化营销和品牌渠道拓展。其中，基础研发处于研发设计价值链的顶端，主要指体育用品新材料、新工艺的研究和改进；应用设计指将基础研发的成果作用于体育产品具体的生产流程和版式设计；适应性设计指根据不同体育消费市场的体态差异、文化差异和其他偏好做出针对性优化。劳动密集型制造、资本密集型制造和技术密集型制造的划分依据是体育用品制造对劳动力、资本、技术水平等要素的不同偏好。一般性服务指体育用品营销环节的基本服务，本土化营销指根据不同体育消费市场的文化差异和其他偏好做出的宣传和销售策略，渠道拓展指建立品牌矩阵多元化经营、掌控供应链等业务开发。

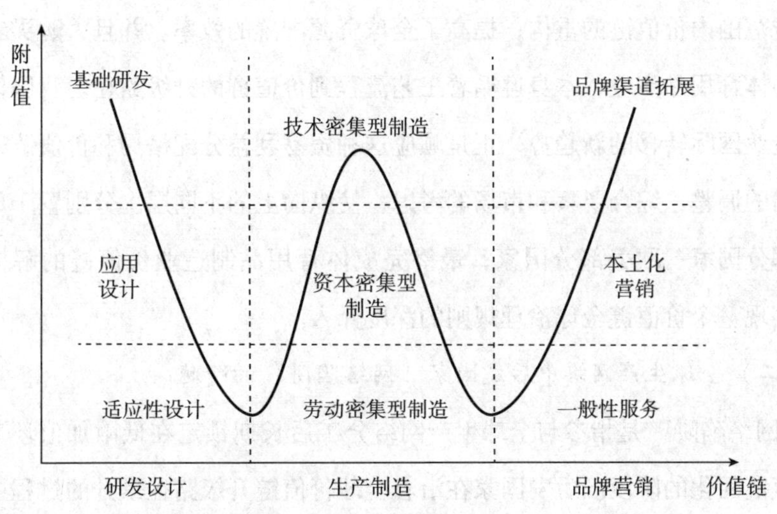

图2－2　全球价值链下体育用品不同环节的贸易利益分配

从体育用品价值链增值过程来看，研发设计、生产制造、品牌营销等不同环节的附加值和分工利益并不一样，位于两端的新产品研发和品牌营销能够创造更多的附加值。价值链条内部具有等级体系特征，贸易利益即附加值的分配取决于要素稀缺的程度。但是，体育用品制造业全球价值链下要素与利益分配并不完全等同于以往的“微笑曲线”，体育用品的制造环节被垂直分割成不同的层次，研发设计和品牌营销也独立成为小的价值链，其中高位为基础研发、技术密集型制造和品牌渠道拓展；低位为适应性设计、劳动密集型制造和一般性服务，总体呈现出新的“W”形格局。

我国体育用品制造业的国际转移，将劳动密集型制造转移至东南亚部分国家，将基础研究和渠道拓展转移至发达国家，将部分应用设计和资本密集型制造保留至国内。正是利用体育用品制造流程分离促成的模块化生产，根据各国要素禀赋的差异和生产过程的要素需求，把资本、技术等流动性较好的要素与东道国的土地、劳动力等流动性较差的要素充分结合，使全球生产网络的不同环节置于具有比较优势的最优区位。借助这种垂直分工体系，将整个产品生命周期易标准化的环节、固定生产要素成本较敏感的环节向其他地区转移，实现了全球范围内价值链的重构，提高了全球资源配置的效率。并且，购买者驱动类型的体育用品产业，本身遵循着工艺流程到价值链的升级路径。我国体育用品制造业国际转移的新趋势，正是顺应这种贸易利益分配格局和价值链升级路径做出的调整：综合要素和市场的考虑，使纵向上的不同层次分别置于母国和东盟部分国家、欧美部分国家，最终完成体育用品制造业价值链的解构与重整，实现整个价值链全球治理规则的深度介入。

（二）全球生产网络中后发国家“网络陷阱”的跨越

“网络陷阱”是指参与全球生产网络分工后长期锁定在低附加值环节、步入价值链固化的阶段。后发国家在沿着全球价值链升级路径攀升的过程中，必然面对价值链上端发达国家的阻击，能否规避“网络陷阱”，与后发国家的路

径选择存在较大关系。例如，韩国和日本在体育产业的承接和转移中，利用融入全球生产网络的机遇完成了技术和市场扩张能力的升级，但是东盟的马来西亚、菲律宾等国家便长期停留在低端环节。后发国家参与全球生产网络分工后，其价值链地位的提升并不是线性表征，大致面临三个阶段：一是红利效应阶段，即获取技术溢出和资本积累的发展红利；二是固化效应阶段，即加工环节对低素质劳动力的相对需求引致了劳动力的逆向配置，要素集中固化在劳动密集型产业；三是挤出效应阶段，发达国家运用技术标准制定等网络权力挤压后发国家研发行为，削弱其相对竞争优势，产生对本土技术创新的挤出效应（沈能和周晶晶，2016）。如图 2－3 所示。

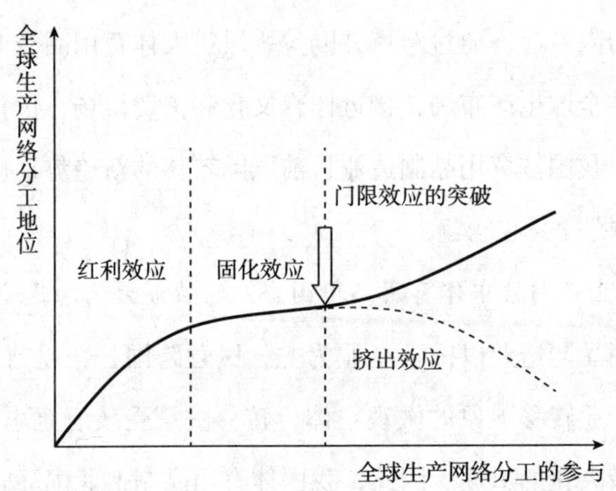

图 2－3　后发国家参与全球生产网络后分工地位的演变

图 2－3 中横轴代表全球生产网络分工的参与过程，纵轴代表全球生产网络分工的地位。我国体育用品制造业在全球生产网络中属于后发国家产业，在早期承接外包和利用外资的模式中，为达到国外体育用品企业的技术标准，必然会与跨国公司发生一定程度的技术互动和溢出，分工地位暂时提升。当我国

体育用品制造企业符合跨国公司的工艺标准和价值链治理参数时，这种技术扩散就会被切断，跨国公司凭借准入门槛和强大的低端生产贸易需求，将我国体育用品制造业固化在劳动或资源密集型环节。固化效应的存在不仅约束分工地位的提升，还会形成新的挤出效应，使分工地位相对下降。低端生产对低素质劳动力的需求会削弱我国本土企业的研发创新活动，形成路径依赖进而诱使后发国家跌入“网络陷阱”。

跨越“网络陷阱”关键的点在于门限效应的突破。我国体育用品跨国企业通过对低附加值制造环节的国际转移，减轻了对低素质劳动力和土地等要素的吸纳与固化效应，为超越劳动密集型生产环节提供腾挪空间和要素储备；通过对体育用品研发中心的逆向转移，提高了研发设计能力，有望突破传统的静态比较优势的门限效应；通过跨境并购等手段扩大体育用品企业规模，拓展了市场空间；通过全球生产布局，接近体育文化和消费市场，优化了网络外部环境。可以看出，我国体育用品制造业目前国际转移的新趋势，也正是后发国家跨越“网络陷阱”的积极实践。

（三）全球生产网络中体育用品跨国企业利益最大化的追逐

我国体育用品制造业以民营企业为主，民营跨国公司是行业内的领导者，也是整个国际产业转移现象的微观主体，转移决策受政府意志干扰相对较少，主要是对利益最大化的追逐。因此，我国体育用品制造业国际转移现象也可以聚焦于作为微观主体的跨国企业，在空间费用曲线和空间收入曲线基础上，借用“收益性空间界限”进行理论层面的再认识，如图2－4所示。

图2－4（a）为收益性空间界限的区位模型，SRC（Spatial Revenue Curve）为空间收益曲线，SCC（Spatial Cost Curve）为空间成本曲线，两条线的交点M_1、M_2为跨国公司盈利的可能性边界，M_1M_2区间为盈利区间，A_1A_2和B_1B_2分别为A、B点的净收益值。图2－4（b）为我国体育用品制造业在多种因素的影响下收益性空间界限和转移决策的变化情况。假定我国体育用品跨国

公司的SRC曲线在一定时间和空间内不变，随着内部和外部环境变化，SCC曲线右移至SCC′，盈利区间由M_1M_2变为$M_1'M_2'$，最优区位由初始的P变为P′点。即在国际和国内多种因素的作用下，我国部分体育用品跨国公司面临显性和隐形的综合成本变化，在利益最大化的驱使下做出了国际转移的决策。图2-4中的“拉力”“推力”“阻力”的现实含义是：“推力”主要来源于我国东南沿海地区要素成本的相对提升和国际贸易形势的变换，“拉力”主要来源于欧美国家技术优势、东盟部分国家资源优势和政策优势，“阻力”则来自于既有的我国中西部的吸引条件。

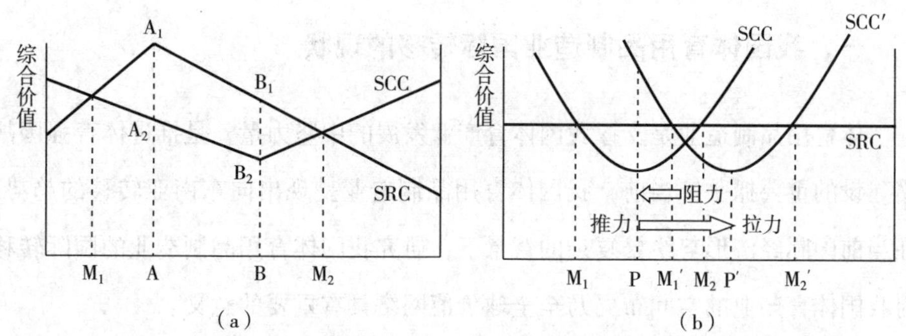

图2-4 我国体育用品跨国公司的收益性空间界限与转移决策

值得说明的是，上述“利益最大化”中的“利益”不再是简单的账面财务利润，而是包含竞争优势和网络权力等隐形收益在内的综合价值。我国体育用品跨国公司从寻求自然资源和劳动力成本的比较优势到实现全球生产布局的目标转变，可能会牺牲部分显性的利润去换取供应链的掌控、市场份额的占有和高端体育品牌的介入。例如，安踏公司有意以46亿欧元收购芬兰体育集团亚玛芬体育（AMER SPORTS），即使可能存在较高的溢价，但从长远来看，有利于其国际化品牌战略的推进，有利于其网络权力的提升和发展潜力的拓展，是对全球生产网络中的综合价值最大化的追逐。我国体育用品制造业的国际转移表象是体育用品产业在国际层面的流动，但其实质仍然是跨国公司在国际和国内的动态竞争环境中，基于利益最大化的战略考量。

第二节　我国体育用品制造业的国际转移及影响因素

一、我国体育用品制造业国际转移的现状

体育用品制造业是支撑我国体育产业发展的中坚力量，是推进体育强国战略建设的重要抓手。当前，我国体育用品制造业呈现出向东南亚转移的趋势。在当前国际经济形势纷繁复杂的背景下，研究我国体育用品制造业的国际转移对我国体育产业的空间布局乃至全球价值网络具有重要的意义。

（一）向东南亚转移成为长期趋势

我国体育用品制造业依托要素禀赋比较优势的出口导向型发展模式，在新一轮的国际体育产业转移承接中，逐渐成为世界体育用品的制造中心，截至20世纪末，已拥有全球65%以上的体育用品生产份额，出口贸易涉及100多个国家和地区。2011年，我国体育用品出口量增速开始逐渐放缓，而对东南亚国家的投资却持续增长，非金融类直接投资达151.3亿美元，以制造业的投资为主，特别是与体育用品制造相关的纺织、鞋业、服装产业。与此相呼应的是，2012年体育用品龙头企业阿迪达斯关闭了在中国的最后一家自有工厂，向柬埔寨转移，且中断与中国300余家代工厂的合作，成为体育用品外资品牌向东南亚转移的标志性事件。

龙头企业的制造重心向东南亚转移，致使国内一大批逐订单而居的大中型代工企业同步转移。截至 2017 年，东南亚国家已经成为全球体育用品重要的生产基地，我国体育用品制造业同时向东南亚转移，逐步由个别企业的自发行为演变为群体的长期趋势。本节选取申洲国际集团控股有限公司（以下简称申洲国际）、维珍妮国际（控股）有限公司（以下简称维珍妮）和裕元工业（集团）有限公司（以下简称裕元工业）作为案例研究对象（见表 2－1），研究我国体育用品制造业向东南亚转移的现状。

表 2－1 案例企业背景信息

地区	公司	成立时间（年）	上市时间（年）	经营范围	代工品牌
宁波	申洲国际	1988	2005	针织休闲服装	耐克、阿迪达斯、优衣库、彪马、迪卡侬、安踏、李宁、特步
深圳	维珍妮	1985	2015	贴身内衣产品、功能性运动类产品	维多利亚的秘密、华歌尔、CalvinKlein、VSX、阿迪达斯、锐步、UA、Champion
台湾	裕元工业	1988	1992	运动鞋、便服、户外鞋及运动凉鞋	耐克、阿迪达斯、锐步亚瑟士（ASICS）、新百伦

1. 申洲国际转移现状

申洲国际创建于 1988 年，其主体企业为宁波申洲针织有限公司，是一家集织布、染整、印绣花、裁剪与缝制四个完整的工序于一体的企业，是中国最大的纵向一体化针织服装代工企业。其生产基地位于宁波市经济技术开发区和越南，并在中国衢州市及安庆市、越南胡志明市和柬埔寨金边市设有制衣工厂。经过多年的合作和发展，公司目前是耐克、阿迪达斯、优衣库、彪马等品牌的最大服装 OEM 供应商。公司同时还积极拓展境内外市场，为李宁、安踏、

RalphLauren、网易等不同类型客户提供服务。优衣库、耐克、阿迪达斯和彪马为公司四大主力客户。这些著名品牌的订单占申洲国际总销售额的70%以上，其余不到30%则来自安踏、李宁和特步等国产品牌。公司未来的收入增长与这四大核心客户，尤其是体育服装品类客户的未来息息相关。

自2005年起，申洲国际开始海外布局。2005年，申洲国际在柬埔寨金边市安达工业区设立成衣工厂，其中申洲厂区于2005年8月开始运营，大千厂区于2012年全面运营；2013年在越南西宁省建设面料工厂、成衣工厂；2014年8月在越南分两期建造针织品和纺织品生产设施。2017年越南成衣工厂首年实现盈利，2018年申洲国际成功在越南实现了海外一体化。根据申洲国际公司年报，目前越南工厂的生产效率约为宁波工厂的50%左右，越南制衣厂的产能约占总产能的8%。随着柬埔寨和越南产能的释放，柬埔寨和越南的产能占比由2014年的10%提升至2016年的17%。从区域布局来看，申洲国际在中国大陆、柬埔寨和越南的产能占比分别为83%、8%和9%。申洲国际海外产能扩张历程见表2-2。

表2-2　申洲国际海外产能扩张历程

时间	扩张历程
2005年	申洲国际在柬埔寨金边市安达工业区设成衣工厂。柬埔寨成衣工厂主要分为申洲和大千两个厂区，其中申洲2005年8月开始运营
2012年1月	柬埔寨成衣工厂（大千）全面营运
2013年	开始在越南建设面料工厂（西宁省鹅油县福东工业区）和成衣工厂（长鹏县福东工业区）
2014年8月	在越南分二期建造针织品和纺织品生产设施
2014月11月	越南面料工厂首期项目正式投产
2015年末	越南成衣工厂正式投产
2016年	越南面料工厂二期项目正式投产
2017年	越南成衣工厂首年度实现盈利
2018年9月	投资约1亿美元在柬埔寨金边经济特区兴建下游成衣生产设施

资料来源：根据申洲国际年报整理而得。

值得注意的一点是，随着申洲国际向东南亚转移，其供货商来源和数量也随之发生变化（见表2－3）。主要原因在于：一是申洲国际由于面料自产，供应商均为纱线厂。公司对纱线厂的筛选有质量、交货、价格、可持续性等多方面的考量，并且由于公司面料产能在越南的扩建，没有能力在越南建厂的部分小供应商也被公司排除。二是国内优质龙头纱线企业纷纷跟随转移，实现越南产能布局。国内供应商方面，申洲国际主要与百隆东方公司、天虹商场股份有限公司、华孚等企业合作。如申洲国际的面料厂正位于其棉纱供货商百隆东方公司的隔壁，而制成的面料可直接运送至5小时车程外的柬埔寨成衣厂房。

表2－3　2016～2017年申洲国际供货商情况

国家（区域）	2016年		2017年	
	供货商数量（个）	百分比（%）	供货商数量（个）	百分比（%）
中国	310	78.68	115	71.87
中国香港	25	6.35	5	3.12
日本	16	4.06	4	2.5
中国台湾	13	3.30	10	6.25
越南	11	2.79	3	1.87
泰国	4	1.02	2	1.25
中国澳门	3	0.76	3	1.87
美国	2	0.51	4	2.5
韩国	2	0.51	8	5
意大利	2	0.51	3	1.88
马来西亚	2	0.51	1	0.63
新加坡	1	0.25	1	0.63
瑞士	1	0.25	0	0
爱尔兰	1	0.25	0	0
印度	1	0.25	0	0
印度尼西亚	0	0	1	0.63
总计	394	100	160	100

资料来源：申洲国际2016～2017年年报。

2. 维珍妮国际转移现状

丽晶维珍妮内衣（深圳）有限公司创建于1985年，其前身是香港信昌膊棉厂，2015年于香港交易所上市，公司的生产基地位于深圳，并自2016年起于越南策略性地扩展其制造产能。维珍妮的产品走两条线：一条是贴身内衣产品包括胸围、运动胸围、胸杯、内裤及塑身衣。这部分的大客户有LBrands拥有的维秘、Hanes Brands拥有的Bali以及PVH拥有的Calvin Klein及Warner's。另一条线是功能性运动类产品，包括运动鞋、无缝黏合功能性运动服装以及可穿戴相关运动产品。这部分的主要客户有VSX、阿迪集团拥有的Adidas及Reebok、UA，还有Hanes Brands拥有的Champion。

维珍妮国际转移始于2016年（见表2-4）。2016年3月，维珍妮越南首家生产厂房投产，总面积174000平方米，第一间厂房已经接近满产，生产效率也达到深圳厂房熟练工人的85%以上；第二间厂房主要生产的产量足以支持当地生产内需；2016年7月开始兴建第三间厂房，2018年4月投入使用，并最终达到胸围、贴身内衣和功能性运动服共3000万件的规划年产能；第四间厂房的功能与第三间厂房相同，主要生产运动文胸及功能性运动产品。年内集团在VSIP再购入一块土地以建设第五间厂房，落成后深圳的所有鞋类产能（年产200万双）将迁往越南，集团指出后者拥有成本、劳动力供应、建造环保先进生产设施、税率和政治等多方面优势。截至2018年3月31日，维珍妮的深圳厂房约有1.5万名员工，而越南三间工厂的员工总数达2.15万名。维珍妮2018年6月28日公布的全年业绩显示，得益于运动潮流对相关产品订单的刺激，该贴身内衣制造商全年实现25.5%的高速收入增长。而近年来积极布局的越南生产线已经开始为集团创造利润，缓解了内地厂房成本不断提升的压力，不仅推动了利润率显著改善，净利润更是大幅上升了146%。

表 2－4　维珍妮海外扩张历程

时间	产能扩张历程
2016 年 3 月	位于海防市的越南新加坡工业园（VSIP）的第一间厂房正式投产
2016 年 7 月	第二、第三间厂房兴建
2017 年 5 月	第二间厂房正式投产，主要生产胸杯，1/3 产能用于生产运动鞋
2018 年 4 月	越南的第三间厂房正式投产，主要生产贴身内衣与功能性运动服装产品
2018 年第四季度	第四间厂房竣工；第五间厂房正在建设中，2019 年正式投产，200 万对鞋类产品的年产能由深圳全面转移至越南

资料来源：由笔者整理而得。

3. 裕元工业国际转移现状

裕元工业的母公司为在中国台湾上市的宝成工业。宝成工业成立于 1969 年，是一家位于台湾中部的鞋品制造商，刚开始以生产编制鞋、凉鞋、拖鞋为主。自 1978 年起，宝成工业开始代工阿迪达斯进入运动鞋制造领域。其代工的主要国际品牌有 NIKE（耐克）、adidas（阿迪达斯）、REEBOK（锐步）、ASICS、New Balance 等世界知名品牌运动鞋、休闲鞋和慢跑鞋。它是世界最大的制鞋企业、国际品牌运动鞋及便服鞋代工巨头。为分散生产基地及善用境外地区尤其是中国内地较低廉的生产环境，宝成工业通过转投资裕元工业，于 80 年代后期陆续前往中国内地、越南及印度尼西亚等地设厂。作为全球最大的主要国际品牌运动鞋及便服鞋制造商之一，裕元工业在运动鞋领域占据着重要位置。

1988 年，裕元工业在广东省珠海市租地设厂，开办了在中国大陆的第一家工厂，并于次年来到东莞、中山，从此这里建立了这个制鞋王国最多的生产线。80 年代后期起，裕元工业逐步由国内向东南亚转移（见表 2－5），1992 年于印度尼西亚设立工业园区，同年裕元工业股票在香港证券交易所挂牌上市；1994 年于越南设立工业园区。2000 年以后，台商制鞋业在中国大陆的发展达到鼎盛阶段，鞋厂利润、效益突出，甚至有所谓的“做一双，赚一双”的产业荣景。2004 年，由劳动和社会保障部颁布的《最低工资标准》开始施行，对代工厂来说，这是一个标志性的节点。尽管裕元工业 2005 年营收 31.55 亿美元，比 2004 年增长了 16%，但其税后净利润只增长了 2.2%，为 3.10 亿美元，即利润率只有 9.83%。2005 年，裕元工业在江西上高县投资 2 亿美元。2007 年是裕元工业在东莞发展的顶峰，营收再次以两位数增长，但每股盈利却持续降低。从 2007 年开始，裕元工业开始在越南和印度尼西亚大规模设厂，其生产线数量总和几乎与中国国内数量持平。在 2016 年公司处于净利润的巅峰期，裕元工业生产基地由中国台湾及中国内地扩展到中国香港、越南、印度尼西亚、柬埔寨、缅甸以及孟加拉，全年运动鞋总产量达到 3.22 亿双，市场上几乎每五双运动鞋中就有一双来自裕元工业。从裕元工业的产能分布来看（如图 2－5 所示），中国由 2013 年的 34% 下降至 2017 年的 17%，缩减了一半；越南则由 2013 年的 34% 增加至 2017 年的 45%，增加了 11 个百分点。目前，该集团在越南共有 7 个制鞋厂区，如越南胡志明市宝元鞋厂、前江省裕得鞋厂、西宁省宝宏鞋厂等成为裕元工业最大的海外厂区。另外，该集团位于印度尼西亚的制鞋生产基地主要分布在西爪哇省。

表 2－5　裕元工业海外扩张历程

时间	产能扩张历程
1988 年	于广东省珠海市租地设厂，开办在中国大陆的第一家工厂
1992 年	裕元集团在中国香港上市发行股票，于印度尼西亚设立工业园区
1996 年	于越南同奈县设立工业园区
2000 年	于墨西哥设立鞋厂及成衣厂，成为当时全球第一运动鞋生产商
2007 年	在东莞的发展达到顶峰，营收以两位数增长，在越南和印度尼西亚大规模设厂
2009 年	与孟加拉国吉大港设立鞋厂
2010 年	于柬埔寨金边市及孟加拉国设立鞋厂
2015 年	在缅甸设立生产基地

资料来源：由笔者整理而得。

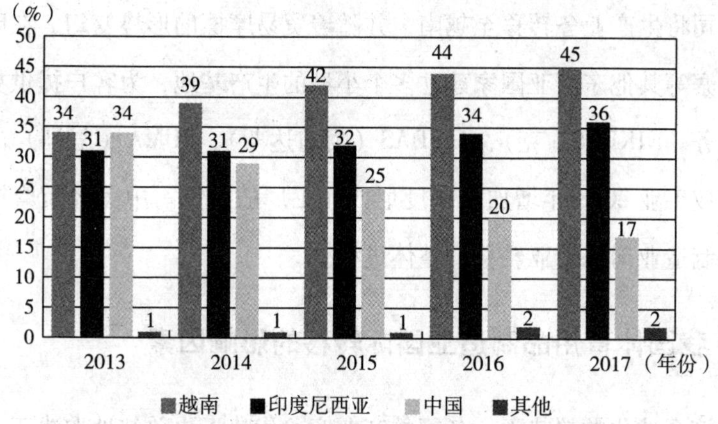

图2-5　2013~2017年裕元工业产能分布情况

资料来源：裕元工业2013~2017年公司年报。

（二）中美经贸摩擦加速转移进程

美国是我国体育用品制造业最重要的贸易对象，在我国进口了大量的服装鞋帽、运动健身器材等产品，中美经贸摩擦对中美体育用品贸易产生了重要影响。美国户外产业协会报告统计，截至2019年6月，美国政府对中国输美商品加征的关税已经导致该产业损失超过11亿美元。据美国制鞋产业协会推算，针对3000亿美元中国产品的关税措施，将会使美国消费者的鞋类产品年均负担增加70亿美元。长期持续的加征关税带来的不确定性，迫使美国体育用品企业做出新的决策。

美国是我国体育用品出口的最大买家，美国采购商是关税加征部分的实际承担者，关税加征致使我国体育用品逐渐失去价格优势，造成的实质后果即贸易转移。我国体育用品制造企业以加工制造为主，产品利润较低，议价能力有限，为保持同美国采购商的订单联系，避免订单减少甚至市场淘汰的困境，主动适应美国采购商的需求，向东南亚转移。例如，国际体育用品龙头企业NIKE（耐克）和北美高端运动休闲品牌LULULEMON（露露乐檬）的国内供应商儒鸿公司将生产业务转移至越南，并随着贸易摩擦的形势变幻，在印度尼西亚、柬埔寨等其他东南亚国家建立多个小型的生产基地，为客户提供更加灵活的生产服务。NIKE（耐克）、ADIDAS（阿迪达斯）、PUMA（彪马）的鞋类代工企业宝成工业2018年增加了印度尼西亚工厂的投资。中美经贸摩擦加速了体育用品制造业向东南亚转移的整体进程。

二、我国体育用品制造业国际转移的影响因素

在经济全球化的趋势下，各国的产业竞争优势不再单纯地取决于本国产业的经济实力，而是在某种程度上取决于本国上下游产业跨国界关联互动关系。国际间产业转移反映的是产业结构在世界范围内的调整与升级。我国体育用品制造业向东南亚转移的影响因素，可以从内在动因和外在冲击两个层面加以解释。转移的内在动因主要来源于要素禀赋、地缘环境、政策制度三个方面，外在冲击主要来源于中美经贸摩擦。在要素禀赋方面，土地成本和劳动力成本是劳动密集型制造环节转移的主要因素。在地缘环境方面，区位邻近关系到运输时效与运输成本；文化邻近关系到劳动力、当地配套企业的沟通交流与认同。在政策制度方面，税收、环保等产业政策带来的附加成本影响着企业的生产区位选择，贸易优惠政策影响着企业跨国分工和销售。

（一）要素禀赋

要素禀赋因素中土地价格和劳动力价格主要影响我国体育用品制造业的生产制造环节。一个国家吸引国际产业转移，不需要保持土地成本、劳动力成本、研发成本的全面优势，只需要维持某类因素的突出表现，即可实现生产工序的独立迁移。我国土地价格、劳动力价格逐渐上升，密集使用这些要素的制造工序由我国自发转移到东南亚部分国家。如表2－6所示，在生产制造环节，考虑到我国东部与中西部在劳动力和土地价格上存在较大差异，将两者看作独立的个体，与我国体育用品制造环节国际转移较多的越南、柬埔寨进行对比，

可以看出，越南和柬埔寨部分地区制造业平均工资约为我国的1/3，工业用地价格约为我国东部的1/2，仍低于我国中西部。

表2-6　我国体育用品相关要素禀赋与东南亚主要承接地的对比

生产制造环节	劳动力平均工资（元/月）	工业用地价格（元/平方米）
中国东部	5505.25	1474.00
中国中西部	4651.21	662.00
越南	1646.18	607.66
柬埔寨	1215.32	405.88

资料来源：制造业劳动力平均工资为2017年数据，分别来自中国国家统计局网站、国际劳工组织网站；工业用地价格为2017年数据，分别来自中国地价信息服务平台、土地流转网。

（二）地缘环境

地缘环境因素主要影响的是我国体育用品制造业的生产制造环节，因为体育用品的研发设计相对较为独立，而生产制造环节上游原料需要运输到下游进行深加工，前后向联系紧密。我国体育用品跨国公司选择越南、柬埔寨为代表的东南亚国家作为制造环节的承接地，一是考虑到区位的邻近，二是考虑到文化的邻近。区位的邻近主要表现在：与其他要素成本较低的中低等收入国家相比，我国与东盟国家的相对距离较短，且东南亚国家的物流绩效水平高于其他中低等收入国家平均水平，如表2-7所示。越南、柬埔寨为代表的东南亚承接地物流绩效评价各项指标均高于中低等收入国家平均水平，可以加快物流运输时效以及订单响应的速度。文化的邻近表现在：东盟许多国家属于汉语言文化圈，华商在经济领域表现活跃，同源文化有利于劳资双方的交流和当地配套企业的非正式合作。两者共同作用，为我国体育用品制造业转移至东南亚地区提供了重要支撑。

表2－7 东盟主要承接地与其他中低等收入国家物流绩效对比

物流绩效评价	港口基础设施质量	贸易和运输相关基础设施质量	清关程序效率	物流服务的能力和质量	货物预期到达能力	物流绩效综合分数
中国	4.500	3.752	3.319	3.620	3.896	3.661
越南	3.900	2.695	2.751	2.883	3.498	2.977
柬埔寨	3.700	2.363	2.615	2.605	3.305	2.801
中低等收入国家	3.300	2.357	2.367	2.483	2.986	2.552

资料来源：世界银行数据库、世界银行与图尔库经济与工商管理学院2016年物流绩效指数调查报告。

（三）政策制度

政策制度因素也影响我国体育用品跨国公司的生产制造环节。生产制造环节涉及多项异质性要素的跨国流动，成品的销售也覆盖多个国家和地区，必然会受到不同国家的产业政策和国家间的贸易协定影响。如表2－8所示，全球贸易预警组织（GTA）报告提出“影响中国工业出口的具有歧视性贸易保护措施占国际贸易保护措施总量的94%”，我国遭受贸易壁垒是长期存在的问题。在国内环保政策趋严、大力整治“低小散”企业的背景下，越南和柬埔寨为代表的东盟承接地在国内税收、国际关税等方面具备较强的优势，且国内环保政策和双边自贸协定对第三国出口避税执行均较为宽松。各项政策制度约束为我国体育用品制造业转移至东南亚地区提供了有力的保障。

表2－8 东盟主要承接地外资政策及我国体育用品制造业相关政策

国别	政策制度重点	具体内容
中国	环保政策趋严	2018年1月1日正式实施《中华人民共和国环境保护税法》
	贸易壁垒加深	影响中国工业出口的具有歧视性贸易保护措施占总量的94%（2008.11～2014.02）①

续表

国别	政策制度重点	具体内容
越南	税收减免政策	经济区注册附属公司4年内免征企业所得税，9年内减半[②]
	关税优惠政策	出口至欧盟鞋类关税由16.9%降至13.4%，服装关税由12%降至9.6%[③]
	贸易壁垒规避	无采购配额限制，不受限于欧美的“反倾销”政策
柬埔寨	税收减免政策	外资公司不需要当地人参股，免税期长达9年
	关税优惠政策	享受发达国家的普惠制最惠国待遇
	外汇管制政策	货币兑换不受政府限制，方便美元结算

资料来源：①全球贸易预警组织（GTA）报告；②越南商务一站式平台；③《欧盟—越南自由贸易协定》（VEFTA）。

（四）中美经贸摩擦

中美经贸摩擦始于2017年8月的“301调查”，真正对我国体育用品制造业产生较大影响的是2018年9月17日宣布的加征关税清单（对华约2000亿美元产品加征10%关税）和2019年5月13日宣布的加征关税清单（对华约3000亿美元商品拟加征25%关税）。以体育用品制造业涉及较大的纺织类产品为例，按照美国统计口径和海关HS分类，化纤、棉花、蚕丝、皮革等几乎所有涉及纺织服装的产品均在加税范围之内，我国受影响的纺织类产品出口总额超400亿元，其中“家用纺织品、其他纺织制成品等”和“枕头、靠垫、棉被、羽绒被等”两项分别占我国该类产品出口比重的32.5%和33.1%。由于我国大部分对美重点出口的体育用品并非具有不可替代性，美国品牌采购商逐步将大部分在华供应链转移至东南亚、南亚和中南美洲国家，为保住美国订单，我国体育用品制造企业配合转移至东南亚，在东南亚新建工厂或者扩建原有分厂。

综合来看，要素禀赋的差异是我国体育用品制造业向东南亚转移的驱动力量，地缘环境是向东南亚转移的重要支撑载体，政策制度则是向东南亚转移的保障力量。三者的共同作用，促成我国体育用品制造业向东南亚转移的长期趋势。而中美经贸摩擦带来的贸易成本增加和订单流失，形成了有力的冲击，加速了这一转移进程。

第三节　我国体育用品制造业国际转移的风险防范

体育用品制造业是支撑我国体育产业发展的中坚力量，是推进体育强国战略建设的重要抓手。当前，我国体育用品制造业呈现出向东南亚转移的趋势。与此同时，国际贸易摩擦不断，中美经贸摩擦经过多轮的“极限施压”、反制与磋商，已经进入战略相持阶段。有一种声音，将两者联系起来，认为体育用品制造业的东南亚转移是我国在中美经贸摩擦中“节节败退的见证”。基于此，厘清我国体育用品制造业向东南亚转移的动因，既有利于回应不同关切、澄清种种误解，也有利于抓住体育用品制造业转移的主要矛盾，使风险防范措施更具针对性和实效。

（一）企业需客观评估自身转移风险

尽管东南亚国家在土地价格、劳动力价格和经贸摩擦风险规避上存在优势，但体育用品制造企业向东南亚转移，还需要考虑多方因素，客观评估自身转移的风险，避免盲目跟随转移。

一是需考虑东南亚国家的产业配套能力。我国在供应链和基础设施上具备较强优势，40 多年加工制造的历程，使供应链技术、设备配比、熟练工人培训等一系列生产要素沉淀了大量资金和经验。特别是部分功能性强、工艺要求较高的产品，如高端体育服饰领域，既需要代工厂有较强的生产能力，能够保证大批量、高质量地出货，又要保证拥有一定的资金实力垫付生产，还要保证

城市拥有大量相关产业的上下游供应商配套、可靠的电力供应质量和通信质量，共同保障产品按质如期交付。目前东南亚国家大部分地区尚不具备上述条件，以体育用品原料纺织纤维生产为例，尽管下游厂商受到中美贸易摩擦的影响较大，企业成本上升也较快，但由于上下游的炼化、印染等环节的供应配套优势，行业在江浙地区集聚的现状没有根本变化。

二是需考虑东南亚国家的营商环境。东南亚国家的政企关系相对国内较为复杂，国际组织的《腐败感知指数 2018》显示，中国的腐败感知指数明显高于越南、老挝、泰国、柬埔寨、菲律宾等国家（分数越高，政府腐败程度越低）。当发生劳资纠纷、订单纠纷时，东南亚国家的法律保障能力较差。世界经济论坛发布的《全球竞争力报告 2018》显示，2018 年中国解决争端的法律框架效率得分为 4.1 分，明显高于老挝、越南、菲律宾、柬埔寨等国家。另外，不同于我国的社会环境和工人组织文化，东南亚国家罢工事件频发。根据世界劳工组织数据记载，2016～2017 年菲律宾发生大规模的工人罢工 24 次；越南劳动与荣军社会部上呈政府的报告显示，2019 年上半年全国发生 67 起罢工事件，集中在南部各省，82.1%发生在外国直接投资的企业。

（二）政府需有效防范产业链转移风险

我国体育用品制造业向东南亚转移面临着内部和外部双重因素，内部因素在某种程度上比国际经贸摩擦对企业的影响更大。兼顾外部环境影响时，更要注重从内部入手，按照供给侧结构性改革的要求，在政策执行上为企业提供更好的环境，切实降低企业各项成本。

一是利用组合措施降低企业成本。进一步落实党中央减税降费的要求，严格依法依规征税收费，确保减税降费政策落地见效，切实减轻企业税收压力。停止部分涉企事项收费，降低部分涉企收费标准，减轻企业行政收费负担。鼓励和支持专利申请人或专利权人享受国家优惠政策，落实企业研发费用进行加计扣除，降低企业技术创新成本。降低公路物流运输、内河物流运输、铁路运输物流公共收费标准，扩大电力直接交易范围和规模，建立热力价格引导和协调机制，全面降低企业要素成本。继续推动企业还款方式创新，减少不必要的续贷环节，提高企业续贷办理效率。进一步创新融资方式，逐步提高信用贷款比重，加快政策性融资担保体系建设，帮助企业降低融资成本。

二是优化制度供给提升政策实效。加强精准施策，跟踪中美经贸摩擦对体育用品出口企业的影响，细化涉企贸易政策，考虑体育用品企业出口退税的实际情况，制定行之有效的政策，避免“一刀切”的做法，切实帮助企业应对风险。在涉及体育用品生产制造的安全、环保等环节，结合企业现有工艺和技术手段，制定符合实际的标准。加强企业服务，主动摸排重点企业难题，主动宣传惠企政策，通过召开座谈会、现场办公会等方式研究解决体育用品企业的合理诉求，进一步强化政府职能部门责任意识、服务意识。

第四节　结论与思考

一、结论

（1）我国体育用品制造业国际转移呈现出新的趋势和特点。转移方向由单向的链式转移向交错的网络转移转变，转移路径由承接外包与利用外资向绿地投资与跨境并购转变，转移形式由个别企业的自发行为向集群式抱团转移转变，转移目标由单纯的降低成本向综合的全球生产布局转变。

（2）我国体育用品制造业国际转移的动力机制是我国体育用品跨国企业在全球生产网络中寻求价值链的解构与重整，跨越分工地位衰退的“网络陷阱”，追逐包含竞争优势和网络权力等隐形收益在内的综合价值的最大化。

（3）在转移方向、转移路径、转移形式和转移目标的变化中，可以看到我国体育用品跨国公司更多的主动作为，以深度嵌入全球生产网络又积极寻求主动权的方式突破可能的结构封锁，以原始积累驱动自主创新，符合我们渐进式改革中汲取的经验逻辑。

（4）我国体育用品制造业向东南亚转移成为长期趋势，中美经贸摩擦加速了这一转移进程。转移的动因可以从内在动因和外在冲击两个层面加以解释，内在动因主要来源于要素禀赋、地缘环境、政策制度三个方面，外在冲击主要来源于中美经贸摩擦。

（5）为有效应对转移风险，企业层面需要综合考虑产业配套能力、营商环境等多方因素，避免盲目跟随转移；政府层面应从内因入手，利用组合措施降低企业成本，优化制度供给提升政策实效。

二、思考

（1）我国体育用品制造业在全球生产网络的分工地位关键在于固化阶段后期能否突破门限效应。在产业转型的大背景下，一方面要进行持续的研发投入，特别是体育用品基础材料、基础工艺的研究。在基础研发的积累下，做好应用设计和适应性设计的衔接工作，注重推动体育用品制造业研发设计价值链的发育。另一方面要注重品牌营销价值链的建设，完善品牌的矩阵布局，依靠多元化品牌覆盖各消费群体，聚焦渠道拓展，抓好供应链环节。要积极引领体育文化发展，培育本土的体育文化市场，发挥新兴产业的引擎作用。

（2）我国体育用品跨国企业要继续发扬深度融入全球生产网络的自觉行动。在比较劣势短期难以逆转的大前提下，被动的网络化过程并不能获取足够的成长动力，仅仅依赖自主研发去改变内生优势，可能会错过跨越“网络陷阱”的时机。因此，要关注跨境并购和逆向投资活动，根据东道国的贸易政策环境和体育行业的消费趋势，制定有效的并购战略。通过与外企的战略耦合，突破比较劣势和价值链低端的不利局面。

（3）我国体育用品跨国企业要具备全球视野和风险意识。一系列的贸易摩擦与纠纷表明，一旦我国体育用品制造业影响到发达国家全球生产网络的领导地位，跨境并购活动和海外技术出口的限制会更加严格，且跨境并购本身存在较高的财务风险。因此，鼓励跨境并购但不能完全依赖逆向投资，研发活动要逐步回归本土化，要注意反哺国内众多的中小体育用品制造企业，要在深度融入全球生产网络的同时构建由自身主导的价值链，强调采取“在全球生产网络中，又不在全球生产网络中”的策略，培育国内体育产业竞争性市场体制。

第三章 我国体育用品制造业的国内转移

第一节 我国体育用品制造业的空间集聚优势差异及转移现状

体育相关产业作为引导社会个体追求自身精神文明和身体素质发展的手段之一，正在改变人们的消费结构，成为我国经济结构的一大组成部分。体育产业的蓬勃发展对刺激消费、带动经济的战略性作用已引起国家层面的重视。国务院办公厅 2014 年 10 月 20 日发布的《国务院关于加快发展体育产业促进体育消费的若干意见》指出发展体育产业有利于培养新的经济增长点，并提出至 2025 年，体育产业总规模将超过 5 万亿元的发展目标。2017 年我国体育产业总规模达 2.2 万亿元，其中体育用品制造业在体育产业内部结构中规模最大，达到 1.78 万亿元。20 世纪末，国家实施鼓励非公有制经济和“三来一补”的出口导向战略使我国东部沿海地区承接了大量体育用品制造业，促进了地区体育产业的发展。但近年来，随着我国东部沿海地区生产要素成本的上升，部分体育用品制造企业开始转移，例如：“李宁”于 2009 年将生产基地从珠三角、长三角搬至湖北省荆门市，欲投资打造中国最大的体育用品集散地，2018 年“李宁”又启动广西—东盟经济技术开发区供应基地，试图在转移的同时促进产业转型升级；2011 年“安踏”在安徽省安丰镇工业园区落地；“特步”等 20 多家轻纺鞋服类企业于 2013 年前在江西省乐安县集聚。

学术界对体育产业转移给予了较多的关注，并从不同的角度进行了学术研究。杨明（2013）研究了体育用品制造业转移的类型；杨琦和张治国（2013）研究了体育用品制造业转移的趋势；朱华友等（2019）从全球生产网络视角研究了中国体育用品制造业国际转移的趋势及其动力机制；吴雄（2006）和吴洁（2013）分析了体育用品制造业转移的原因；靳英华（2009）分析了体育用品制造业转移带来的效果，认为其将加速转出地产业结构的调整和升级，同时也为承接地提供利用后发优势超速发展的机会；邢中有（2016）在阐述我国体育产业转移历程、转移动力机制后，对如何促进我国体育产业转移提出对策；也有学者从体育产业集聚角度分析产业效率及转型升级能力（段艳玲等，2019）。可以看出，我国体育用品制造业的转移对地区经济发展产生了一定的影响，特别是在当前国际经济形势纷繁复杂的背景下，研究我国体育用品制造业的转移对我国体育产业的空间布局乃至全球价值网络具有重要的理论和实际意义。因此，本书在分析我国体育用品制造业集聚优势的基础上，首先结合体育制造业产值份额的数量变化测度体育用品制造业的转入和转出量，其次利用空间计量的标准差椭圆模型分析其转移的方向、路径和距离，最后建立计量模型，分析影响我国体育用品制造业转移的主要因素，为促进我国体育用品制造业空间的合理布局及产业发展服务提供理论支持。

一、我国体育用品制造业的空间集聚优势差异分析

对产业集聚的研究学术界已有较为成熟的理论体系，主要的产业集聚测度方法包括行业集中度（CR）、赫芬达尔指数（HHI）、基尼系数（Gini）、K 函数、EG 指数、M 函数和 DO 指数。鉴于学术界已有的研究，本书通过计算体

育用品制造业区位熵对我国体育用品制造业产业集聚优势进行分析。

基于中国工业企业数据库2000～2015年数据计算出我国31个省市区（不包括港澳台）的区位熵值，并将优势地区及劣势地区以排名的形式列出（见表3－1）。

从表3－1可看出：

（1）2000～2015年，福建省体育用品制造业在31省市区中最具绝对集聚优势，除了2002年和2003年一直位列第1。

（2）排名前5的主要有浙江、上海、山东、广东和江苏等东部地区省市。

（3）排名靠后的主要是甘肃、重庆、四川、广西壮族自治区等省市区，是绝对集聚劣势地区；也存在如陕西、贵州、云南、海南等地区基本没有形成集聚现象。

（4）值得注意的是，从2002年开始，中部开始出现个别省份跻身优势区域的现象。2010年江西省区位熵首次突破1，位列第6，在2011年又升至第4位，2012年和2013年上升到了第3位，在2014年有所下降，但是于2015年又回到第3位；安徽省从2000年0.51的区位熵升至2015年的0.94，位列第7，区位熵不断接近1；上海从2013年起退出优势地区；北京从2011年开始一直处于绝对劣势区域范围。

二、我国体育用品制造业的转移数量分析

目前，学术界关于测度产业转移的指标多种多样，一些学者主要是通过产值、增加值等指标的相对变化量来测度区域产业转移；还有一些学者计算产业的空间集中度、区位熵、赫芬达尔指数和基尼系数，从变化量中识别产业的转出与转入。本书参考孙久文等的做法，选取体育用品制造业产值份额变化量作为体育用品制造业转移的识别工具，并假设变化量正数为转入，变化量负数为转出。我国各省市区产值份额变化量如表3－2所示。

表 3-1 我国各省市区区位熵排名

排名＼年份	2000	2001	2002	2003	2004	2005	2006	2007	2008	2009	2010	2011	2012	2013	2014	2015
1	福建	福建	上海	上海	福建	福建	福建	福建	福建	福建	福建	福建	福建	福建	福建	福建
	(4.34)	(4.04)	(4.42)	(3.56)	(2.74)	(3.51)	(3.53)	(3.79)	(4.84)	(3.39)	(3.44)	(3.51)	(2.93)	(2.76)	(3.57)	(2.82)
2	广东	上海	福建	福建	上海	上海	上海	广东	广东	广东	广东	广东	广东	山东	广东	山东
	(2.65)	(3.78)	(3.12)	(2.91)	(2.50)	(2.55)	(2.37)	(2.20)	(2.27)	(2.36)	(2.40)	(2.45)	(2.42)	(2.70)	(2.53)	(2.38)
3	上海	广东	广东	山东	山东	山东	广东	浙江	山东	山东	山东	山东	江西	江西	浙江	江西
	(2.62)	(2.45)	(2.26)	(2.11)	(2.24)	(2.18)	(2.15)	(2.14)	(1.98)	(2.35)	(2.23)	(2.14)	(2.18)	(2.45)	(2.36)	(2.22)
4	浙江	浙江	浙江	浙江	广东	广东	山东	上海	浙江	浙江	浙江	江西	山东	广东	江苏	广东
	(2.48)	(2.43)	(2.09)	(1.99)	(2.19)	(1.92)	(1.96)	(2.09)	(1.83)	(1.79)	(1.69)	(1.86)	(2.16)	(2.20)	(1.73)	(2.13)
5	江苏	江苏	山西	广东	浙江	浙江	浙江	江苏	江苏	江苏	江苏	浙江	浙江	浙江	山东	江苏
	(1.11)	(1.10)	(1.53)	(1.77)	(1.91)	(1.91)	(1.81)	(1.71)	(1.77)	(1.79)	(1.65)	(1.66)	(1.67)	(1.60)	(1.54)	(1.66)
6	天津	天津	江苏	江苏	江苏	江苏	江苏	山东	上海	上海	江西	江苏	江苏	江苏	天津	浙江
	(1.05)	(0.94)	(1.40)	(1.43)	(1.49)	(1.56)	(1.54)	(1.55)	(1.74)	(1.26)	(1.33)	(1.56)	(1.61)	(1.51)	(0.97)	(1.62)
7	山东	山西	天津	山西	山西	山西	山西	山西	天津	天津	上海	上海	上海	安徽	江西	安徽
	(0.99)	(0.91)	(0.81)	(1.01)	(0.66)	(0.61)	(0.73)	(0.65)	(0.58)	(0.62)	(1.26)	(1.28)	(1.15)	(0.94)	(0.94)	(0.94)
⋮	…	…	…	…	…	…	…	…	…	…	…	…	…	…	…	…
20	陕西	陕西	河南	江西	广西	广西	贵州	贵州	贵州	黑龙江	四川	广西	广西	云南	云南	重庆
	(0.00)	(0.00)	(0.01)	(0.01)	(0.02)	(0.02)	(0.02)	(0.04)	(0.04)	(0.02)	(0.05)	(0.03)	(0.04)	(0.05)	(0.07)	(0.04)
21	吉林	湖南	黑龙江	海南	贵州	河南	广西	甘肃	黑龙江	海南	广西	重庆	重庆	贵州	贵州	云南
	(0.00)	(0.00)	(0.00)	(0.00)	(0.01)	(0.01)	(0.01)	(0.02)	(0.04)	(0.00)	(0.03)	(0.02)	(0.03)	(0.05)	(0.05)	(0.04)

续表

排名＼年份	2000	2001	2002	2003	2004	2005	2006	2007	2008	2009	2010	2011	2012	2013	2014	2015
22	云南	云南	重庆	重庆	四川	重庆	四川	广西	甘肃	甘肃	海南	北京	四川	四川	广西	北京
	(0.00)	(0.00)	(0.00)	(0.00)	(0.01)	(0.00)	(0.01)	(0.02)	(0.01)	(0.00)	(0.00)	(0.02)	(0.02)	(0.02)	(0.05)	(0.04)
23	四川	四川	云南	云南	海南	四川	重庆	海南	海南	贵州	甘肃	海南	北京	北京	北京	贵州
	(0.00)	(0.00)	(0.00)	(0.00)	(0.00)	(0.00)	(0.00)	(0.00)	(0.00)	(0.00)	(0.00)	(0.00)	(0.00)	(0.02)	(0.04)	(0.03)
24	湖北	湖北	江西	河南	重庆	海南	海南	重庆	重庆	重庆	重庆	甘肃	甘肃	海南	陕西	海南
	(0.00)	(0.00)	(0.00)	(0.00)	(0.00)	(0.00)	(0.00)	(0.00)	(0.00)	(0.00)	(0.00)	(0.00)	(0.00)	(0.00)	(0.02)	(0.00)
25	河南	河南	陕西	陕西	云南	云南	云南	云南	云南	云南	云南	云南	云南	甘肃	甘肃	甘肃
	(0.00)	(0.00)	(0.00)	(0.00)	(0.00)	(0.00)	(0.00)	(0.00)	(0.00)	(0.00)	(0.00)	(0.00)	(0.00)	(0.00)	(0.01)	(0.00)
26	贵州	贵州	贵州	贵州	陕西	陕西	陕西	陕西	陕西	陕西	陕西	陕西	陕西	陕西	海南	陕西
	(0.00)	(0.00)	(0.00)	(0.00)	(0.00)	(0.00)	(0.00)	(0.00)	(0.00)	(0.00)	(0.00)	(0.00)	(0.00)	(0.00)	(0.00)	(0.00)
⋮	…	…	…	…	…	…	…	…	…	…	…	…	…	…	…	…

注：①省市区下方为区位熵值；②因篇幅冗长，表中仅列出了排名前7位和后7位的省市区；③青海、宁夏、新疆、西藏、内蒙古在研究期间区位熵一直为0，表中省略。

表 3－2　我国体育用品制造业 2001～2015 年产值份额变化量

单位：%

地区		2001	2002	2003	2004	2005	2006	2007	2008	2009	2010	2011	2012	2013	2014	2015	2000～2015
东部	北京	－0.20	0.19	－0.44	0.24	－0.17	0.17	－0.29	－0.05	－0.15	－0.22	－0.17	－0.04	0.04	0.07	0.00	－1.02
	天津	－0.10	－0.22	－0.45	－0.27	0.09	0.01	0.26	0.09	0.12	0.19	0.15	0.40	－0.16	0.37	－1.09	－0.63
	河北	－1.22	－0.31	－0.14	－0.31	－0.19	0.11	0.16	0.10	0.06	0.35	0.28	0.61	－0.22	0.02	0.22	－0.48
	上海	5.86	2.90	－3.91	－5.06	－0.24	－1.04	－1.44	－1.99	－2.15	－0.26	－0.21	－0.71	－1.72	0.39	0.35	－9.24
	江苏	－0.17	2.72	0.42	0.59	1.26	－0.23	1.53	0.56	0.38	－1.20	－0.96	0.40	－0.84	2.18	－0.33	6.30
	浙江	0.06	－1.53	－0.03	－0.62	－0.38	－0.66	2.16	－2.59	－0.52	－0.55	－0.44	－0.20	－0.53	4.32	－4.24	－5.75
	福建	－2.37	－3.57	－1.17	－0.99	2.13	－0.05	1.03	－0.06	－1.12	0.26	0.20	－1.79	－0.50	3.03	－2.43	－7.39
	山东	－3.29	1.07	11.76	1.81	0.04	－1.73	－4.10	4.11	3.36	－1.75	－1.41	0.10	4.79	－10.1	7.38	12.00
	广东	0.90	－1.87	－5.16	4.49	－2.96	2.89	0.45	0.00	0.51	－0.26	－0.22	－1.06	－2.28	3.31	－3.60	－4.87
	海南	－0.06	0.01	－0.09	0.00	0.00	0.00	0.00	0.00	0.00	0.00	0.00	0.00	0.00	0.00	0.00	－0.14
东北	辽宁	0.15	－0.27	0.08	0.77	0.28	0.02	－0.16	－0.66	0.17	0.18	0.14	0.31	－0.50	0.13	－0.25	0.36
	吉林	0.12	－0.09	0.18	－0.13	0.03	0.04	0.03	－0.04	0.01	0.10	0.08	0.11	0.05	－0.27	0.27	0.48
	黑龙江	0.05	－0.43	0.17	－0.08	0.04	－0.04	0.02	－0.02	－0.04	0.06	0.05	0.02	0.03	0.13	－0.09	－0.14
中部	山西	0.37	1.25	－0.88	－0.67	－0.10	0.24	－0.14	－0.51	－0.26	－0.03	－0.02	0.08	0.02	0.33	－0.28	－0.61
	安徽	－0.14	－0.13	－0.35	0.32	－0.21	－0.08	－0.02	0.00	0.09	0.39	0.31	0.36	0.74	－0.79	0.81	1.29
	江西	0.02	－0.04	0.02	0.10	0.17	0.14	0.16	0.52	0.15	1.63	1.30	0.73	0.67	－3.40	2.98	5.11
	河南	0.00	0.05	－0.05	0.15	－0.07	0.14	0.09	0.11	－0.25	0.32	0.26	0.31	－0.38	0.40	－0.28	0.80
	湖北	0.00	0.08	0.26	－0.26	0.14	－0.03	0.01	0.19	－0.28	0.15	0.12	0.05	0.32	0.34	－0.29	0.80
	湖南	－0.15	0.12	0.01	0.07	0.13	0.07	0.13	0.12	0.07	0.58	0.46	0.44	0.26	－0.89	1.23	2.65

续表

地区		2001	2002	2003	2004	2005	2006	2007	2008	2009	2010	2011	2012	2013	2014	2015	2000~2015
西部	内蒙古	0.00	0.00	0.00	0.00	0.00	0.00	0.00	0.00	0.00	0.00	0.00	0.00	0.00	0.00	0.00	0.00
	广西	0.00	0.03	0.01	-0.01	0.00	0.00	0.01	0.15	-0.12	0.00	0.00	0.02	0.04	-0.02	0.03	0.13
	重庆	-0.01	0.00	0.00	0.00	0.00	0.00	0.00	0.00	0.00	0.00	0.04	0.01	0.09	0.04	-0.08	0.09
	四川	0.00	0.09	-0.09	0.03	-0.03	0.05	0.10	-0.01	0.04	-0.01	-0.01	-0.07	-0.01	0.35	-0.14	0.29
	贵州	0.00	0.00	0.00	0.01	0.02	-0.01	0.02	0.00	-0.04	0.06	0.07	-0.07	0.00	0.01	-0.02	0.05
	云南	0.00	0.00	0.00	0.00	0.00	0.00	0.00	0.00	0.00	0.00	0.00	0.00	0.09	0.04	-0.05	0.08
	西藏	0.00	0.00	0.00	0.00	0.00	0.00	0.00	0.00	0.00	0.00	0.00	0.00	0.00	0.00	0.00	0.00
	陕西	0.00	0.00	0.00	0.00	0.00	0.00	0.00	0.00	0.00	0.00	0.00	0.00	0.00	0.05	-0.05	0.00
	甘肃	0.19	-0.03	-0.16	-0.18	0.01	-0.01	0.00	-0.01	-0.01	0.00	0.00	0.00	0.00	0.01	-0.01	-0.19
	青海	0.00	0.00	0.00	0.00	0.00	0.00	0.00	0.00	0.00	0.00	0.00	0.00	0.00	0.00	0.00	0.00
	宁夏	0.00	0.00	0.00	0.00	0.00	0.00	0.00	0.00	0.00	0.00	0.00	0.00	0.00	0.00	0.00	0.00
	新疆	0.00	0.00	0.00	0.00	0.00	0.00	0.00	0.00	0.00	0.00	0.00	0.00	0.00	0.00	0.00	0.00

注：①根据国家“十五计划”划分的我国四大区域分为东、中、西部和东北部四大地区。东部包括北京、天津、河北、上海、江苏、浙江、福建、山东、广东和海南；中部包括山西、安徽、江西、河南、湖北和湖南；西部包括内蒙古、广西、重庆、四川、贵州、云南、西藏、陕西、甘肃、青海、宁夏和新疆；东北包括辽宁、吉林和黑龙江。②表中最后一列为2000~2015年各省市区累计增（减）量。

由表3-1及表3-2可以看出，2000年至2015年，我国中西部和东北部地区体育制造业产值份额总体呈现增长趋势，东部地区总体呈下降趋势。其中，福建省区位熵从2000年4.34的高程度集聚下降至2015年的2.82，产值份额从17.51%降至10.12%，研究期间呈“急剧下降—逐步上升—再下降”的形态波动下降，是15年来转出量第二大的省份。上海市的区位熵由2000年的2.62降至2015年的0.87，产值份额由12.27%降至9.24%，总体上呈现“先上升后持续下降”的趋势，是研究期间下降幅度对大的城市，并在2013年退出体育制造业优势地区。北京总体上一直呈下降的趋势变化，在2012年区位熵逼近0，后有所回升，但仍处于劣势地区。东部地区大多数省份的集聚程度以及产值份额都在下降，但值得注意的是山东和江苏的产值份额在增加，也表明东部地区内部也存在转移现象。在中部地区中，江西省区位熵和产值份额的增加量最大，区位熵由2000的0.01升到2015年的2.22，产值由0.002%升至0.05%，研究期间总体上属于“上升—缓慢下降—急剧上升—缓慢下降”的类型，从2010年开始成为我国体育用品制造业优势地区之一。湖南省区位熵及产值份额总体呈持续缓慢增长形态，在增加总量排名中居于第二位，仅次于江西，并在2015年区位熵达到0.7，有望跻身产业集聚优势地区。安徽是转入量第三大的省份，2000~2015年呈现“下降—小幅上升—逐步下降—大幅上涨”的波动态势，总体表征为上升趋势，其区位熵在2013年超过0.9。东北地区吉林和辽宁是东北产业转入较多的地区。另外，河南、贵州、广西和四川均从前期区位熵为0到后期大于0，且呈缓慢上升状态，说明通过产业转移这些地区也承接了一定数量的转移产业。

从表3-3可以看出，整体上我国体育用品制造业从东部转出，向东北、中部和西部转入，其中，中部承接产业转移最多。

表 3-3　2001~2015 年我国四大经济区体育用品制造业产值份额变化量

单位:%

地区＼年份	2000	2001	2002	2003	2004	2005	2006	2007	2008	2009	2010	2011	2012	2013	2014	2015	2000~2015
东部	95.7	95.1	94.5	95.3	95.1	94.7	94.2	93.9	94.1	94.6	91.2	88.4	86.1	84.7	88.2	84.5	-11.3
东北	1.0	1.3	0.5	0.9	1.6	1.9	1.9	1.8	1.1	1.2	1.5	1.8	2.2	1.8	1.8	1.7	0.7
中部	3.1	3.2	4.5	3.2	3.2	3.3	3.8	3.9	4.4	3.9	6.9	9.4	11.4	13.0	8.9	13.0	10.1
西部	0.2	0.4	0.5	0.2	0.1	0.1	0.1	0.3	0.4	0.3	0.3	0.4	0.3	0.5	0.9	0.7	0.5

第二节　我国体育用品制造业国内转移的方向、路径及距离分析

一、研究方法、数据来源及说明

标准差椭圆（Standard Deviational Ellipse，SDE）是空间计量中度量地理分布的一种工具，最早由美国南加州大学社会学教授韦尔蒂·利菲弗（D. Welty Lefever）于 1926 年提出，此模型通过显示椭圆圆心位置变化和移动方向趋势反映某一要素在空间上的方向偏离分布。具体过程及公式如下：

（1）确定标准差椭圆圆心。

$$SDE_x = \sqrt{\frac{\sum_{i=1}^{n}(x_i - \bar{X})^2}{n}};SDE_y = \sqrt{\frac{\sum_{i=1}^{n}(y_i - \bar{Y})^2}{n}} \quad (3-1)$$

其中，x_i 和 y_i 为要素的空间位置坐标；$\bar{X}$ 和 $\bar{Y}$ 为算术平均中心。

（2）确定椭圆方位角，以短轴为准，正北方向为 0 度，顺时针旋转角度

为方位角角度。

$$\tan\theta = \frac{A + B}{C}$$

$$A = \left(\sum_{i=1}^{n} \tilde{x}_i^2 - \sum_{i=1}^{n} \tilde{y}_i^2\right); B = \sqrt{\left(\sum_{i=1}^{n} \tilde{x}_i^2 - \sum_{i=1}^{n} \tilde{y}_i^2\right)^2 + 4\left(\sum_{i=1}^{n} (\tilde{x}_i \tilde{y}_i)^2\right)};$$

$$C = 2\sum_{i=1}^{n} \tilde{x}_i \tilde{y}_i \tag{3-2}$$

其中，$\tilde{x}_i$、$\tilde{y}_i$为平均中心和 x、y 坐标的差。

（3）确定长、短轴具体长度。

$$\sigma_y = \sqrt{2}\sqrt{\frac{\sum_{i=1}^{n} (\tilde{x}_i \sin\theta - \tilde{y}_i \cos\theta)^2}{n}}; \sigma_x = \sqrt{2}\sqrt{\frac{\sum_{i=1}^{n} (\tilde{x}_i \cos\theta - \tilde{y}_i \sin\theta)^2}{n}} \tag{3-3}$$

标准差椭圆的圆心表示所测量的经济要素分布的相对位置；方位角反映此要素在空间上分布的主趋势方向；椭圆的长半轴表示要素数据分布的方向；短半轴表示数据分布的范围，长、短半轴的比值越大，即长度差距越大，表明数据的分布方向性越强。

数据来源于中国工业企业数据库体育用品制造业工业总产值（当年价格），以工业总产值为权重字段，运用 Arc GIS 10.5 得出标准差椭圆图形以及属性表。

二、转移方向、路径及距离

通过标准差椭圆模型继续考察我国体育用品制造业空间格局演化及其方向分布特征。考虑到将所有年份的标准差椭圆都展现在地图中会出现边缘重叠造成模糊视线问题，本书仅将以五年为间隔的 2000 年、2005 年、2010 年和 2015 年四个时间截面的各省市区体育用品制造业工业总产值数据为权重字段，在 Arc GIS 10.5 软件中运用方向分布（标准差椭圆）工具基于第二标准，即包括

整体95%的数据的标准得出标准差椭圆及标准差椭圆重心具体位置分布及移动情况。为使结果更直观科学地显示，将软件运行得出的标准差椭圆各属性具体数据列入表3－4。

表3－4　2000年、2005年、2010年、2015年标准差椭圆属性

属性	结果			
	2000年	2005年	2010年	2015年
Shape_ Leng	73. 368894	71. 399667	73. 045345	73. 581907
Shape_ Area	346. 218986	309. 292549	307. 43792	325. 754411
CenterX	117. 535225	117. 857686	117. 269335	117. 12171
CenterY	29. 227252	30. 384772	30. 025903	30. 42061
XStdDist	7. 134363	6. 396693	6. 110043	6. 517948
YStdDist	15. 448699	15. 392846	16. 01867	15. 910553
Rotation	21. 340112	20. 950352	21. 605731	21. 799508

注：Shape_ Leng、Shape_ Area为椭圆周长及面积；CenterX、CenterY为椭圆中心点；XstdDist、YStdDist为X轴长度及Y轴长度；Rotation为椭圆的方向角度。

由表3－4可知，中国体育用品制造业总体呈现“北（偏东）—南（偏西）”的空间分布格局，且标准差椭圆长半轴幅度远远大于短半轴，说明数据分布方向性很强，即产业总产值的分布主要在南北方向。另外，在2000年、2005年、2010年及2015年这四个时间断面上，标准差椭圆的面积并没有发生显著的变化，但其长轴总体越来越长，短轴越来越短，表明体育用品制造业工业总产值空间分布开始趋于分散。同时，椭圆的重心有显著移动。本书将软件得出的十进制格式的经纬度转换成度分秒的格式分析重心位置的具体分布及转移，并且运用专业网站（http：//www. gpsspg. com/distance. htm），通过经纬度测度两地直线距离，进行以下具体转移方向、路径及距离分析：

（1）2000年体育用品制造业生产产值重心为29°14′2. 64″N，117°32′6. 81″E，

位于江西省上饶市婺源县附近。

（2）2005 年其重心为 30°23′5.18″N，117°51′27.67″E，位于安徽省池州市青阳县，表明在 2000～2005 年我国体育用品制造业呈东南向西北方向转移的趋势，转移的直线距离为 132.49 千米。

（3）2010 年其重心为 30°01′33.25″N，117°16′9.61″E，位于安徽省池州市石台县，即 2005～2010 年，我国体育用品制造业总体转移方向开始从北上转为南下，具体为西南方向，转移直线距离为 69.10 千米。

（4）2015 年其重心为 30°25′14.20″N，117°07′18.16″E，位于安徽省池州市东至县，即 2010 年后，我国体育用品制造业转移方向保持南下，且转移距离比 2000 年至 2010 年发生的 2 次转移距离都短，其直线距离为 46.187 千米。

总体而言，2000～2015 年我国体育用品制造业主要呈现“北偏西—西偏南—南偏西”的转移态势，空间上呈垂直翻转的“√”形路径转移，且直线转移距离大小呈“2000～2005 年转移距离＞2005～2010 年转移距离＞2010～2015 年转移距离”。

第三节　我国体育用品制造业国内转移的影响因素

一、模型建构

基于前文的分析，将体育用品制造业产值变化界定为我国体育用品制造业产业转移规模的指标，即模型的被解释变量，同时引入可能对产业转移产生影响的七大因素，包括产业固定资产投资、人力成本、人力资源、地方政府政

策、技术水平、基础设施、经济支撑，建立以下模型：

$$\ln\left(\frac{P_{Tra}}{1-P_{Tra}}\right)=\beta_0+\beta_1 K_{it}+\beta_2 Wage_{it}+\beta_3 Hum_{it}+\beta_4 Gov_{it}+\beta_5 Tech_{it}+\beta_6 Bas_{it}+\beta_7 Eco_{it}+\varepsilon_{it}$$

其中，P_{Tra}为产业转入的概率；i 为横截面（省级行政区）；t 为时间序列（年份）；K 为产业固定资产投资；Wage 为人力成本；Hum 为人力资源；Gov 为地方政府政策；Tech 为科学技术；Bas 为基础设施；Eco 为经济支撑；β_0为常数；β_1、β_2、…、β_7为各因素的影响系数；ε 代表了未被纳入模型的影响因素，为随机误差项。由于各影响因素对产业转移现象发生的影响具有一定的滞后性，因此模型中也会加入以上影响因素滞后一期的数据。

二、变量选取

（1）被解释变量：体育用品制造业产值份额变化（Tra）。

（2）解释变量。产业固定资产投资（K）：社会固定资产投资对产业发展起着关键性作用，本书拟采用各地全社会固定资产投资总额占地区 GDP 的比重作为产业固定资产投资因素对产业转移影响状况进行分析。本书假设固定资产投资额的上升与吸引产业转入的能力存在正相关关系。人力成本（Wage）：人力成本是产业转移选址考虑的一大因素，通常认为劳动密集型产业更倾向于向人力成本较低的地区转移，因此本书拟定人力成本越大，产业转入的概率会有所降低。人力资源（Hum）：体育用品制造业属于劳动密集型产业，地区丰富的人力资源能吸引劳动密集型产业的转入，因此本书假设人力资源增多将促进产业的转入。地方政府政策（Gov）：地方政府的政策是影响产业转移的重要因素。鉴于关爱萍等（2017）、Lall 等（2006）和靳卫东（2016）等分析税收对产业转移的影响，本书拟用政府财税政策作为其中一个解释变量，并假设政府财税政策与产业转入呈负相关。技术水平（Tech）：即技术要素密集程度。一个地区如果具备前沿的科技设备和高超的技术水平，则可通过提高产业生产效率，把劳动密集型产业、要素密集型产业以及资本密集型产业升级为创新驱动型产业，使其更具市场竞争力，因此本书假设技术水平与产业转入呈正相关。基础设施（Bas）：完备的基础设施是打造良好的营商、作业环境的基础，是政府用以招商引资、吸引产业转入的工具。本书拟定越高水平的基础设施越能吸引产业的转入。经济支撑（Eco）：地区的经济发展水平显然也会影响到产业的转移。本书假设经济发展水平越高越容易吸引产业转入。

三、数据来源及方法说明

在计量模型中，本书基于2001~2015年15年的短面板数据对体育用品制造业转移的影响因素进行回归，其中，排除青海、宁夏、新疆、西藏、内蒙古（产值始终为0），样本总数为375个。产业的转移无非就是转出与转入，在完全不存在外界干扰的环境下，产业转出与转入的概率是相等的，当外界变量开始产生影响时，假设某变量能增加产业转入的概率，那么产业倾向于转入，此时认为产业是转入的；反之认为产业是转出的。基于上述原理，本书参考陈春等（2019）的做法，将转移量进行“0-1”化处理：将地区j体育用品制造业在n（n≥2001）年的产值份额记为V_{nj}，在（n-1）年的产值份额记为V_{mj}，当$V_{nj}/V_{mj} \geq 1$时，表示该地区的体育用品制造业专业化得到提升，即表示产业向该地区转入，此时将被解释变量y记为1；当$V_{nj}/V_{mj} < 1$时，则相反，表示产业由该地区转出，此时记被解释变量y为0。经过处理的模型为“0-1”型的二分类数据组，因此使用逻辑模型（Logic Data Model，LDM）最为合理。

同时，考虑到个别变量的数据存在数值过大的问题，为降低序列波动对回归结果的影响，减少多重共线性和异方差性，对个别变量进行对数变换处理。其他变量的经济数据来自《中国统计年鉴》、中国宏观经济数据库、中国工业经济数据库、中国劳动经济数据库、EPS数据库。表3-5为各变量详细信息。

表 3-5　变量选择

变量	变量符号	变量名称	指标选取
Y	Tra	产业转移	"0-1"
X_1	K	产业固定资产投资	全社会固定资产投资总额/地区 GDP
X_2	Wage	人力成本	就业人员平均工资总计
X_3	Hum	人力资源	在校生人数、私营企业和个体就业人员占总人口比重
X_4	Gov	地方政府政策	增值税、营业税与所得税之和占地区 GDP 比重
X_5	Tech	技术水平	技术市场成交额、专利受理量和专利授权量综合得分
X_6	Bas	基础设施	铁路里程、公路里程、邮电业务总量综合得分
X_7	Eco	经济支撑	地区 GDP/全国 GDP

注：技术水平和基础设施的综合得分由熵值法为二级指标赋权后得出。

四、结果分析

（一）描述统计

表 3-6 为本书涉及的变量的描述性统计。由表 3-6 可以看出，数据没有极端异常值，变量间的量纲差距可以被接受，同时为排除变量之间的共线性问题，使用 Stata 对变量进行 VIF 检验，检验结果均通过（VIF<10），因此可以进行下一步回归分析。

表 3-6　逻辑模型回归结果

	Model 1	Model 2	Model 3	Model 4	Model 5	Model 6	Model 7
C	0.123**	0.082**	1.020	0.004***	0.000***	0.020***	0.072***
	(0.017)	(0.020)	(0.991)	(0.002)	(0.000)	(0.003)	(0.010)
Wage			-0.189*				
			(0.094)				
K	0.016***	0.010*	0.018**				3.511**
	(0.004)	(0.093)	(0.020)				(0.016)

续表

	Model 1	Model 2	Model 3	Model 4	Model 5	Model 6	Model 7
Gov	-0.749 ***	-0.748 ***	-0.646 ***	-0.773 ***		-0.686 ***	-0.726 ***
	(0.000)	(0.000)	(0.000)	(0.000)		(0.000)	(0.000)
Tech	0.250 ***					0.264 *	0.329 ***
	(0.005)					(0.062)	(0.008)
Hum		0.999 ***	0.657 *	1.290 ***	0.795 **	0.883 *	
		(0.009)	(0.079)	(0.001)	(0.019)	(0.069)	
Bas				0.307 *	0.932 ***		
				(0.058)	(0.000)		
Eco					0.429 ***	0.302 **	0.304 **
					(0.001)	(0.012)	(0.012)
L. Eco					-1.97E-16 ***	2.24E-12 **	-2.38E-12 **
					(0.001)	(0.011)	(0.012)
R^2	0.073	0.070	0.076	0.072	0.073	0.093	0.098
Log likelihood	-240.461	-241.086	-239.663	-240.712	-223.985	-219.213	-217.95

注：①本书计量结果由 Stata 12.0 给出。②C 为常数项。③（）内数值为相应检验统计量的 p 值。④ ***、**、* 分别表示在 1%、5%、10% 水平下显著。⑤空白处为未列入模型变量。⑥L. Eco 为原 Eco 变量滞后一期因素。

（二）回归结果分析

本书研究的数据属于既包括时间序列数据又包括横截面数据的数据组，同时因变量为“0-1”型的二分类数据，因此使用，LDM 模型回归的结果可体现增加或减少某因素的值，能增加或降低因变量处于“1”状态的概率。本书将不同的变量依次加入逻辑模型，为保证解释变量集最优，将各个影响因素进行逐步回归，剔除没有显著影响的变量，最后得到结果，如表 3-6 所示。

表 3-6 的结果表明：大部分因素对因变量具有显著性影响，说明所选指标具有较强的典型性。其中，产业固定资产投资、人力资源、技术水平、基础设施、经济支撑是促进我国体育用品制造业转入的主要因素；人力成本越高、地方政府税收越高则越会降低产业转入的概率。从该表中可以看出，人力成本

（Wage）与产业转入呈负相关，在 Model 2 中其影响呈 10% 的显著性水平，系数为 -0.189，表明增加一单位的人力成本，产业转入的概率将降低 18.9%。产业固定资产投资（K）与产业转移呈正相关，且影响显著，表明增加地区产业固定资产投资总额，将增加产业转入该地区的概率。地方政府政策对产业转移的影响较大，呈负相关，表明政府的税收仍是产业选择承接地的主要考虑因素，政府的招商引资、优惠政策都会影响产业的转入。人力资源（Hum）对体育用品制造业转移的影响程度最大，具有正向促进作用，体育制造业属于劳动密集型产业，人力资源越丰富，越有助于产业的转入。技术水平（Tech）和基础设施（Bas）都与产业转入呈正相关，即技术水平越高、基础设施越完备，则产业转入的概率越大。当地的经济发展水平也会对产业转移产生影响，经济支撑（Eco）是产业落户后得以顺利运行的基础保障，与产业转入呈正向关系。此外，产业转入不仅与当期的经济水平呈正向关系，也受到前一期经济水平的影响，虽然呈现负向影响，但其影响程度较低。

第四节　长三角地区体育用品制造业集聚的空间格局及溢出效应

随着“长三角一体化”上升为国家战略，促进我国体育用品制造业产业升级和区域协调发展，是新时期我国实现经济转型发展的重要推动力。2014 年，国务院提出要将长江经济带建设成具有世界影响力的内核经济带、东中西区域相互合作的协调发展带、面向内外的全方位开放带和生态文明示范带，以此打造出一个绿色能源产业带，培养世界级的产业集群等。2018 年 6 月，长三角地区出台《长三角地区一体化发展三年行动计划（2018—2020 年）》，并将长三角体育产业协作纳入发展全局与发展框架中。2019 年 4 月，年度长三角地区体育产业协作第一次会议举行，重点讨论长三角地区体育产业一体化建设及《长三角地区体育产业一体化发展规划（2021—2025 年）》等相关内容。长三角体育产业集聚作为一种环境友好、资源节约、影响力大、关联度高的绿色产业，其发展有利于促进生态安全、可持续发展体系的构建。伴随我国体育产业的进一步发展，上海、南京、杭州等地更是建设了许多体育产品制造业产业园区，形成了良好的产业集聚效应，促进了整体体育产业经济的发展。然而，目前长三角地区体育用品制造业发展依然面临诸多问题，例如：整体竞争力不强；产品生产的同质化较为严重（夏碧莹，2011）；大部分城市的体育用品制造业对城市经济增长的贡献率比较低（荆林波，2016；任波等，2018），还不能成为新常态下推动经济转型升级的新兴产业。因此，有必要深入分析体育用品制造业集聚与区域经济的关系，为发展体育产业和促进经济增长奠定理论基础。

鉴于体育用品制造业集聚在地区经济发展中的作用和影响，学者们在多个方面进行了研究。一是在体育产业集聚的度量方面方法多样。有学者利用空间集聚指数 β 测度了中国体育用品制造业整体集聚水平（胡效芳等，2011；宋昱，2013），有学者利用赫芬达尔—赫希曼指数（HHI）和空间基尼系数等指标测度了我国体育用品制造业的产业集聚度（陈颇，2013），有学者采用 Kernel 密度估计和 Markov 链方法定量分析我国体育产业集聚水平（邹玉享，2014），有学者使用 C－D 生产函数模型结合区位熵指数从而反映行业的格局分布（汪艳等，2016），有学者利用信息熵、行业集中度等指标对福建省体育用品制造业和体育服务业的集聚水平进行实证分析（章颖，2017）。此外，还有学者利用区位熵（LQ）、E－G 指数探讨了长三角各省市体育产业空间布局模式和体育服务产业空间集聚特征（焦长庚等，2018），有学者基于我国体育用品制造业的空间集聚特征刻画了我国体育用品制造业的转移路径（朱华友

等，2020）。二是在体育产业对经济增长的影响方面，所得结论也不尽相同。如有学者认为，我国体育事业的发展与国民经济增长存在长期均衡关系（陈颇，2012；王会宗等，2012）。有学者基于2005～2015年的省级体育产业数据得出，体育产业集聚与区域经济增长的关系呈现倒“U”形特征（姚松伯和刘颖，2017）。有学者发现体育产业与国民经济增长符合Logistic模型，并沿着“S”形轨迹影响经济的增长（李国等，2019）。有学者得出体育产业集聚对绿色经济增长有显著促进的作用（Xu J和Yang R，2019）。

可以看出，已有文献对体育产业集聚的度量以及体育产业对经济的影响比较丰富，为进一步研究提供了良好的方法和实践基础。长三角地区是我国体育用品制造业发达地区，也是我国体育用品制造业空间集聚显著的地区，但是长三角地区各省市的差异比较大，空间发展策略也不尽相同，为促进长三角地区体育用品制造业的空间合作和高质量发展，如何在已有研究基础上深入刻画长三角地区体育用品制造业集聚的空间格局（包括空间结构和空间关系）是一个值得深思的问题，且这种空间格局的空间溢出效应怎样也需要明确回答。基于此，本书选用2005～2015年地级市制造业行业数据，借助Geoda、ArcGIS等软件分析长三角地区27个城市的体育用品制造业集聚的空间格局特征，并进一步建立模型来解释这种集聚空间格局所引发的空间溢出效应。

一、研究方法和数据来源

（一）研究方法

衡量体育产业集聚水平的指标主要有专业化集聚度、行业集中度（CRn）、赫希曼—赫芬达尔指数（HHI）、空间基尼系数、EG指数等。其中行业集中度能直观反映产业集聚水平且计算简单，但测算容易受样本个数影响；赫希曼—赫芬达尔指数能够相对准确反映企业市场集中度，但无法说明区域之间相互联系和相互依赖的关系，存在失真的情况；空间基尼系数相对而言比较简洁直观，能将基尼系数用图形表示，但对于详细的产业组织状况以及区域之间存在的差异没有深入考虑，导致数值大于零并不一定存在集聚，存在虚假成分；EG 指数整合了空间基尼系数和 HHI 指数，解决了空间基尼系数的失真问题，并且能够跨产业、跨时间、跨区域比较，但缺点是遗漏了大量产业集聚的信息，存在统计不完全问题等。由于某些数据不可获得，以及每个指标都有各自的优缺点和侧重点，因此本书利用专业化集聚指标衡量长三角地区体育用品制造业集聚度，并使用探索性空间数据分析方法（ESDA）进一步研究集聚的特征和规律。

（1）专业化集聚度。区位熵，是衡量某一产业部门专业化集聚程度的重要指标，同时也能反映一个地区的生产结构中，某个产业在全国水平中所体现的相对优势，具体计算公式如下：

$$LQ_{ij} = \frac{X_{ij} / \sum_{i} X_{ij}}{\sum_{j} X_{ij} / \sum_{i} \sum_{j} X_{ij}} \tag{3-4}$$

其中，LQ_{ij}为 j 地区 i 产业的区位熵；X_{ij}为 j 地区 i 产业当期的产出数值，这里的产出数值可以是工业总产值、劳动力人口数等；$\sum_{i} X_{ij}$ 为 j 地区当期所有产业的产出数值；$\sum_{j} X_{ij}$ 为当期全国 i 产业的产出数值；$\sum_{i} \sum_{j} X_{ij}$ 为当期全国所有产业的产出数值。若LQ_{ij}大于 1，则该产业在本地区具有当对较高的专业化集聚水平，且超过了该产业在全国的平均水平，表明该产业在本地区较为集中，具有规模优势；若LQ_{ij}等于 1，表明该产业在本地区的专业化集聚水平与全国的平均水平相同；若 LQ_{ij}小于 1，说明 j 地区 i 产业的专业化集聚程度较弱。

（2）探索性空间数据分析方法（ESDA）。ESDA 方法弥补了经典统计忽略地理空间定位的缺陷，采用了一系列空间数据分析方法和技术，以空间相关度量为核心，从地理空间角度寻找某一属性的分布特征和规律。本书采用全局莫兰指数（Global Moran's I）和局部莫兰指数（Local Moran's I），分别从全局和局部两个维度分析长三角地区体育用品制造业的空间相关性。全局莫兰指数I用于反映空间邻接或空间邻近的区域单元观测整体的相关性和差异程度（Moran，1948），局部莫兰指数 I_i 用于分析某个区域附近的空间集聚情况（Anselin L.，1996），其计算公式如下：

$$Moran's\ I = \frac{\sum_{i=1}^{n}\sum_{j=1}^{n}\omega_{ij}(x_i-\bar{x})(x_j-\bar{x})}{S^2\sum_{i=1}^{n}\sum_{j=1}^{n}\omega_{ij}} \tag{3-5}$$

$$Moran's\ I_i = \frac{(x_i-\bar{x})}{S^2}\sum_{j=1}^{n}\omega_{ij}(x_i-\bar{x}) \tag{3-6}$$

其中，x_i 为区域i的体育用品制造业产出水平；$S^2=\frac{1}{n}\sum_{i=1}^{n}(x_i-\bar{x})^2$；$\bar{x}=\frac{1}{n}\sum_{i=1}^{n}x_i$；$\omega_{ij}$ 为空间权重矩阵，大多基于空间邻接或空间距离来确定。本书采用Rook（车相邻）这种方式生成的矩阵为0-1矩阵，当区域与区域之间相邻时取值为1，不相邻则取值为0。全局Moran's I的取值范围为［-1，1］。当 $I>0$ 时，表明体育用品制造业集聚水平在空间上呈现正相关；当 $I<0$ 时，表明该区域与周边其他区域的体育用品制造业集聚水平具有空间差异；当I趋于或等于零时，即各区域体育用品制造业集聚呈现空间上的随机分布。式（3-6）中当 I_i 值为正时，表明该区域体育用品制造业集聚程度与相邻区域相似（"高—高"或"低—低"）；当 I_i 值为负值时，表明该区域体育用品制造业集聚程度与相邻区域不相似（"低—高"或"高—低"）。

（二）数据来源

本书研究所采用的长三角城市体育用品制造业（规模以上）企业层面数据均来自中国工业企业数据库（2015年），由于个别城市的个别年份存在数据缺失，故采用插值法补充。其他城市级的经济数据均来自 2005～2016 年《中国城市统计年鉴》，以及各省市区对应年份的统计年鉴和 EPS 数据库。

二、长三角地区体育用品制造业的空间集聚格局

（一）长三角地区体育用品制造业集聚情况

1982 年国务院提出建立上海经济区，标志着长三角作为一个经济区域的开始。从此，长三角城市群经历了不断扩容的长征路。依据 2019 年 12 月《长江三角洲区域一体化发展规划纲要》，正式明确长三角中心区为 27 个城市。这一决策不仅来源于顶层的行政命令推动，也来源于城市之间既有的产业合作基础与强烈的合作意愿。尽管早期没有提及 27 个城市，但是这种合作的基础与既成事实是一直存在的，也是不容忽视的。因此，我们在当前的时点回顾过去，倾向于将 27 个城市作为长三角的研究范围。因此，本书在已获得的数据基础上，计算了 2005～2015 年长三角 27 个城市尺度的区位熵得到体育用品制造业专业化集聚程度，并根据所研究的时间尺度每隔五年做一个均等划分，统计了 2005 年、2010 年、2015 年 27 个城市的集聚度及离差值①，结果如表 3－7 所示。

由表 3－7 可以看出，2015 年专业化集聚度排名前五位的城市是南通（7.81）、扬州（4.80）、金华（4.20）、芜湖（2.84）和宁波（2.58），表明这些城市体育用品制造业的集聚程度相当高；排名最后 3 位的城市是无锡（0.04）、铜陵（0.00）和池州（0.00），表明集聚程度弱或无集聚现象产生；离差值排名前 5 位的城市是南通（6.42）、扬州（3.42）、金华（2.81）、芜湖（1.45）和宁波（1.19），表明这些城市的体育用品制造业集聚度远大于长三

① 离差值指一个观测值或测验分数与特定的参照点（如平均数）之间的差距，其计算公式为：$d_i = x_i - \bar{x}$。

角地区当年的平均水平，排名最后3位的依然是无锡（-1.34）、铜陵（-1.39）和池州（-1.39），表明集聚度远低于长三角地区平均水平。

表3-7　2005年、2010年、2015年集聚度及离差值

地区	2005年		2010年		2015年	
	专业化集聚度	离差值	专业化集聚度	离差值	专业化集聚度	离差值
南通市	4.36	+3.19	7.11	+5.52	7.81	+6.42
扬州市	4.47	+3.30	5.31	+3.72	4.80	+3.42
金华市	1.38	+0.21	7.53	+5.94	4.20	+2.81
宁波市	3.64	+2.46	3.38	+1.79	2.58	+1.19
苏州市	2.67	+1.50	1.87	+0.27	1.29	-0.10
杭州市	2.46	+1.28	1.66	+0.06	0.82	-0.57
温州市	1.60	+0.43	1.69	+0.10	1.40	+0.01
上海市	2.42	+1.25	1.49	-0.10	0.85	-0.54
滁州市	0.86	-0.31	1.30	-0.29	1.67	+0.28
湖州市	0.58	-0.60	1.25	-0.34	1.66	+0.27
泰州市	0.83	-0.34	1.11	-0.48	1.40	+0.01
嘉兴市	0.69	-0.48	1.51	-0.08	1.31	-0.08
绍兴市	1.10	-0.08	1.48	-0.12	0.76	-0.63
镇江市	0.38	-0.79	0.97	-0.62	1.01	-0.37
芜湖市	0.07	-1.11	0.88	-0.72	2.84	+1.45
南京市	0.68	-0.50	0.88	-0.71	0.69	-0.70
马鞍山市	0.09	-1.08	0.27	-1.32	0.50	-0.89
常州市	0.53	-0.65	1.57	-0.02	0.26	-1.13
舟山市	1.18	+0.01	0.47	-1.12	0.15	-1.24
合肥市	1.01	-0.16	0.43	-1.16	0.52	-0.87
宣城市	0.07	-1.10	0.29	-1.30	0.18	-1.21
盐城市	0.04	-1.13	0.21	-1.39	0.37	-1.02
台州市	0.33	-0.84	0.12	-1.47	0.06	-1.33

续表

地区	2005年		2010年		2015年	
	专业化集聚度	离差值	专业化集聚度	离差值	专业化集聚度	离差值
安庆市	0.00	-1.17	0.06	-1.54	0.30	-1.08
无锡市	0.25	-0.93	0.14	-1.45	0.04	-1.34
池州市	0.00	-1.17	0.00	-1.59	0.00	-1.39
铜陵市	0.00	-1.17	0.00	-1.59	0.00	-1.39

根据2005~2015年的动态指标，南通市的专业化集聚度不断增强，上海、苏州、舟山、台州的专业化集聚度不断降低。杭州、宁波、金华、绍兴、南京、常州、扬州、嘉兴、合肥、滁州的专业化集聚度先增大后减小，呈现为"集聚—扩散"的形态；芜湖、镇江、温州、湖州、泰州的专业化集聚度波动增大，呈现为"波动集聚"的形态；其余城市集聚形态变化不明显。离散值持续上扬的城市是南通、滁州、湖州、泰州、镇江、芜湖，离散值基本保持稳定的是宣城和盐城，离散值持续下降的城市是宁波、苏州、杭州、温州、上海、绍兴和舟山。此外，温州和宣城的集聚度先增大后减小。扬州、金华、常州、马鞍山、合肥、台州、安庆、无锡、池州和铜陵的离差值变化趋势不稳定。

（二）长三角地区体育用品制造业集聚的空间结构

在经济发展水平不同和自然环境条件迥异的背景下，长三角地区体育用品制造业呈现东西疏密有别的集聚格局。

借鉴John Friedmann（1966）的"核心—边缘"理论，并运用自然断裂法将长三角城市划分为体育用品制造业集聚核心区和边缘区，因此长三角地区体育用品制造业集聚表现为"东南密，西北疏"的"核心—边缘"空间结构。由表3-8可以看出，2005年体育用品制造业核心地区包括扬州、南通和宁

波，边缘地区包括盐城、镇江、无锡、台州等 10 个城市。2010 年核心地区为扬州、南通、金华，边缘地区较 2005 年减少了镇江、马鞍山、芜湖、宣城四个城市。再对比 2005 年和 2010 年的空间结构，长三角地区体育用品制造业集聚的空间结构呈现核心地区高度集聚、边缘地区集聚增强的态势。体育用品制造业向长三角苏南地区和浙江东南部城市集聚，但集聚速度不同。其中金华的上升趋势最为明显，集聚水平显著提高。通过对比 2005 年和 2010 年体育用品制造业专业化集聚水平增长的幅度发现，即使边缘地区有增长趋势，但总的制造业核心区和边缘区的差距依然在增加。

表 3－8　2005 年、2010 年、2015 年分别纳入核心地区、边缘地区的城市

	2005 年	2010 年	2015 年
核心地区	扬州、南通、宁波	扬州、南通、金华	南通
边缘地区	盐城、镇江、无锡、台州、马鞍山、芜湖、安庆、铜陵、池州、宣城	盐城、无锡、台州、铜陵、安庆、池州	盐城、常州、无锡、台州、安庆、铜陵、池州、宣城

2015 年，核心区只有南通，边缘地区在 2010 年的基础上增加了常州、宣城两个城市。再对比 2010 年和 2015 年的空间结构，长三角地区体育用品制造业的空间结构主要表现为部分边缘地区集聚度显著增强，核心区域集聚度有所下降的反向演化趋势，但边缘地区与核心地区的差距依然很大。2010～2015 年，受亚洲金融风暴的影响，核心区域的部分企业有所调整或转移，再加上资本、劳动力要素成本的上升，有部分企业跳出核心区，同时也给边缘区域带来集聚效应。例如，芜湖市通过体育用品制造业专业化集聚度计算发现，2010 年集聚度为 0. 88，2015 年跃升为 2. 84，见证了一个制造业的成长的过程。

（三）长三角地区体育用品制造业集聚的空间相互关系

1. 全局空间自相关分析

本书通过 Stata 16.0 对 2005～2015 年长三角 27 个城市体育用品制造业集聚的空间自相关进行深入分析，其全局莫兰指数如图 3－1 所示。

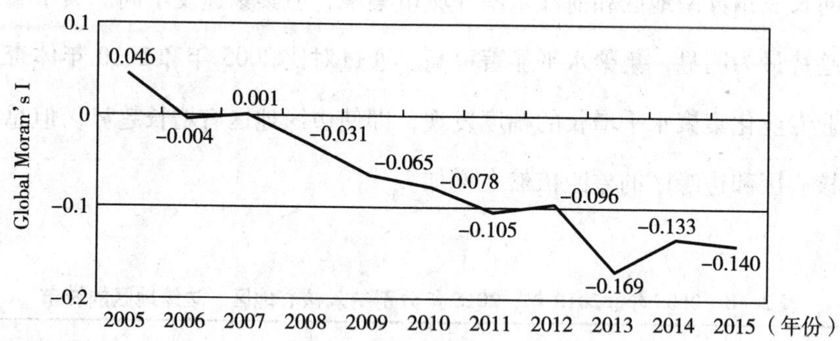

图 3－1 2005～2015 年长三角地区体育用品制造业集聚的全局莫兰指数

从图 3－1 可以看出，2005～2015 年的 Global Moran's I 呈现逐年递减的趋势，除了 2005 年和 2007 年，其他年份均为负值，表明体育用品制造业集聚度发展具有明显的空间负相关关系。也就是说存在体育用品制造业集聚发展良好的城市与发展不好的城市相邻，或称异质性集聚。值得注意的是，从 2006 年开始 Global Moran's I 首次出现负值，主要原因是随着我国经济的增长，体育产业由制造业主导向服务业转变的趋势不可逆转。体育用品制造业集聚核心区域的城市通过转型升级往体育服务业发展，有些企业甚至出现转移的情况，使邻接在它们周围的边缘城市集聚度逐渐增强，最终呈现高集聚度城市和低集聚度城市相邻。与此同时，国家层面将发展体育服务业作为今后拓宽体育产业新的方向。2005 年，我国出台了《体育服务认证管理办法》，2007 年又出台了《关于加快发展服务业的若干意见》，目的在于保质保量地推进体育服务业的

发展。2013 年 Global Moran's I 最低，也是中国经济处于新常态换挡期，2014 年之后集聚程度趋于稳定。

2. 局部空间自相关分析

地理学第一定律指出：任何事物都是与其他事物相关的，且遵循"远小近大"的原则（Tobler W. R，1970）。长三角各城市在多年的经济发展和商业往来过程中形成了一定的经济联系，因此也产生了体育用品制造业集聚的空间自相关性。本书选择了 2005 年、2010 年和 2015 年体育用品制造业集聚为代表，进一步探寻长三角局部城市体育用品制造业集聚区的空间发展情况。

长三角地区体育用品制造业集聚演变具有明显的空间差异特征。主要变化有：①高—高集聚区域呈现出缩小的趋势。上海自 2005 年以后逐渐演变为低—高集聚区。主要是因为它邻近的南通、苏州等城市集聚度不断增加。②低—低集聚区域呈现出先增加后减少额趋势。2005 ~ 2010 年，低—低集聚区由合肥、芜湖等地逐渐往北延伸至安庆。受周围邻居城市辐射的影响，截至 2015 年，只有安庆为低—低集聚区成为体育用品制造业发展的"洼地"。③低—高集聚区也呈现先增加后减少的趋势。从 2005 年只有盐城一个城市逐渐增加了上海、绍兴、台州，而 2015 年仅为上海和盐城。值得注意的是，高—低集聚区仅为芜湖与温州，可见这两个城市的体育用品制造业专业化集聚度有了较大幅度的提升，并超越了邻居城市。总之，这些不均衡的空间集聚模式是区域经济环境、文化背景以及自然环境等多种因素共同作用的结果。

三、长三角地区体育用品制造业集聚的空间溢出效应

（一）模型设定

体育用品制造业作为制造业中的一部分，其集聚对经济的作用与其他制造业对经济的影响有相似的地方。本书参考 Seetanah B. 等（2011）的研究方法，

将集聚度引入柯布—道格拉斯生产函数，并采用面板数据模型来分析体育用品制造业对经济的影响，为了缓和模型中数据的异方差性，故作对数处理得到基础模型：

$$lny_{it} = \beta_0 + \theta_1 S_{it} + \theta_2 lnk_{it} + \theta_3 lnl_{it} + \theta_4 lngov_{it} + \theta_5 lnfdi_{it} + \varepsilon_{it} \quad (3-7)$$

其中，y_{it}为各城市经济增长状况；S_{it}为体育用品制造业集聚度，由于集聚度采用相对指标，因此使用水平值；k_{it}、l_{it}、gov_{it}和fdi_{it}分别为资本存量、劳动力投入、政府支出和外商投资；ε_{it}表示随个体以及时间变化的随机误差项；下标 it（2005 年，…，2015 年）为第 i 个城市第 t 年。

同时，由前文分析得出，长三角地区体育用品制造业发展水平之间存在明显的空间相关性，因此当变量存在空间相关性或误差项存在空间相关性时，传统的计量模型难以解释其影响从而导致不可靠的估计结果（Anselin L.，1988）。本书拟从时空双重视角，引入空间计量模型来考察体育用品制造业集聚所带来的空间溢出效应。

（1）面板空间杜宾模型。空间杜宾模型实质为空间滞后模型，主要研究区域之间被解释变量的扩散效应，即区域与区域之间的一种空间溢出效应。由于自变量也加入空间权重，可以解释本地区自变量的改变对邻接地区的间接影响，即溢出效应。其表达式为：

$$Y_{it} = \alpha_0 + \rho W_i Y_t + X_{it}\beta_1 + W_i X_t \beta_2 + \varepsilon_{it} \quad (3-8)$$

其中，Y_{it}为因变量；X_{it}为解释变量矩阵（n × k 维）；ρ 为空间自回归系数，反映了样本观测值中的空间依赖性；W_i为空间权重矩阵（n × n 维）；$W_i Y_t$为被解释变量空间滞后项；β_1为解释变量对因变量的影响程度；$W_i X_t$为解释变量的空间滞后项；β_2为空间滞后解释变量的回归系数；ε_{it}为随机误差项；α_0为截距项。

（2）面板空间误差模型。空间误差模型与杜宾模型有所不同，主要差异在于空间误差模型所表示的空间效应存在于随机项中，因此运用该模型于本书可以考察临近地区体育用品制造业集聚经济效应的误差冲击对本地区经济的影响。其表达式为：

$$Y_{it} = \alpha_0 + X_{it}\beta + \varepsilon_{it} \tag{3-9}$$

$$\varepsilon_{it} = \lambda W_i \varepsilon_t + \mu_{it} \tag{3-10}$$

其中，λ 为空间自相关系数，用以衡量某地区的变化对邻近地区的溢出程度；W_i 为误差项中的空间权重；μ_{it} 为正态分布的随机误差项。

（二）变量选择与数据处理

（1）被解释变量。GDP 是衡量一个国家或地区经济增长水平和市场规模的常见指标，本书遵循通行的处理办法，将每个城市的劳均 GDP 作为被解释变量。因为 GDP 是流量数据，需要剔除通货膨胀所带来的影响，所以本书以 2004 年为基期进行平减。

（2）解释变量。本书的核心解释变量 S 用之前计算的体育用品制造业专业化集聚度来衡量。由于国家统计局自 2004 年起，取消原有的不变价格法，在全国范围内正式实行价格指数紧缩法来测算工业发展速度，因此借鉴陈诗一（2011）的做法，对制造业工业总产值原始数据也同样进行价格平减。

（3）控制变量。劳均资本投入（k）：考虑到期末的资本存量通常来自当期的资本增加额，故本书参照张军等（2004）的做法，以 2004 年为基础年对物质资本存量进行测算。具体公式为：

$$K_{it} = K_{i,t-1}(1 - \delta_t) + I_{it} \tag{3-11}$$

式中，K_{it} 为 i 城市在第 t 年期末的资本存量总额；I_{it} 为 i 城市在第 t 年期末的固定资产投资额；δ_t 为 i 城市的固定资产折旧率。

人力资本（l）：一般认为人力资本的高低与经济增长有较为密切的联系。本书借鉴郑鹏展（2015）关于人力资本变量的计算方法，采用城市劳动人口的平均受教育年限进行测度。具体公式为：

$$l=6\times R_{primary}+9\times R_{junior}+12\times R_{senior}+16\,R_{college} \tag{3-12}$$

其中，$R_{primary}$为小学教育程度所占的比重；R_{junior}为初中教育程度所占的比重；R_{senior}为高中教育程度所占的比重；$16\,R_{college}$为人口中大专及以上教育程度所占的比重。

政府投入水平（gov）：已有的研究表明，政府财政支出在一定区间内对地方经济有显著的促进影响（李强和李书舒，2017）。本书用劳均政府支出来衡量政府支出水平。

外商直接投资（fdi）：关于外商直接投资是否促进地区经济增长，从理论层面讲两者之间的联系应当较为密切，但实证研究结果往往并不统一。因此这里也将外商直接投资纳入模型进行考察，借鉴宦梅丽等（2018）的方法，以2005年中国消费价格指数按照当年价格计算各城市实际使用外资数。

（三）回归结果分析

空间滞后模型、空间误差模型为空间计量中常见的两种模型，在具体实证检验中，还需对两种模型进行选择。通常的做法是利用LM检验确定空间计量模型的具体形式。Anselin（1988）认为LM－lag和LM－error是判断的标准。其数值越大越显著，倘若其中之一显著，则选用该模型；若两个都不显著，则空间效应不明显。本书研究LM检验的结果显示（见表3－9）：LM－lag（robust）统计值为15.426，LM－error（robust）统计值为20.268，且均通过5%显著性水平，因此本书将同时利用这两种模型，以便更全面地解释体育用品制造业集聚在长三角地区所呈现出的空间溢出效应。

表3－9 LM检验结果

检验	统计值	P值
LM－lag	13.462	0.000
LM－lag（robust）	15.426	0.000

续表

检验	统计值	P 值
LM - error	18.304	0.000
LM - error（robust）	20.268	0.000

从普通最小二乘法（见表 3-10）中反映出体育用品制造业集聚对城市经济影响的线性关系。从回归结果看，专业化集聚度 S 的系数为正，且在 1% 显著性水平上显著，表明随着体育用品制造业集聚水平的提高，城市经济增长也呈现上升趋势，这与原毅军等（2018）分析得出制造业产业集聚对经济增长有显著促进作用，王巍等（2019）得出的服务行业集聚促进区域经济增长结论不谋而合。物质资本存量 lnk_{it} 与城市经济也有显著的正向关系，即物质资本的提高能促进城市经济增长；但人力资本水平 lnl 与城市经济呈现显著负相关，这似乎有悖生产函数预期理论，因此需要进一步检验。此外，政府支出和外商直接投资的系数均显著为正数，表明现阶段随着政府投资和外商投资的增加对城市经济有较强的促进作用。根据前文对体育用品制造业集聚的空间自相关性分析，表明体育用品制造业集聚在长三角地区具有明显的空间自相关，那么通常 OLS 回归可能导致有偏性和无效性，因此运用面板空间杜宾模型（PSDM）和面板空间误差模型（PSEM）进行分析，结果如表 3-10 所示。

表 3-10　体育用品制造业集聚的空间溢出效应

变量	OLS	PSDM		PSEM	
		固定效应	随机效应	固定效应	随机效应
S	0.030 ****	0.031 ***	-0.004	0.015 *	-0.012
	(4.28)	3.19	(-0.58)	(1.83)	(-1.61)
lnk	0.2809 **	0.402 ***	0.180 ***	0.269 ***	0.228 ***
	(2.95)	(5.64)	(6.09)	(4.32)	(7.51)

续表

变量	OLS	PSDM		PSEM	
		固定效应	随机效应	固定效应	随机效应
lnl	-1.141 ***	-1.168 ***	0.275 **	0.085	0.369 **
	(-4.35)	(-3.96)	(2.01)	(0.29)	(2.46)
lngov	0.639 ***	0.539 ***	0.361 ***	0.548 ***	0.430 ***
	(7.81)	10.69	(10.35)	(12.42)	(13.25)
lnfdi	0.135 ***	0.118 ***	-0.027 **	0.166 ***	-0.0381 ***
	(5.15)	(4.89)	(-2.52)	(7.00)	(-3.25)
ρ		0.172 ***	0.113		
		(5.31)	(1.48)		
λ				0.625 ***	0.119
				(10.99)	(1.37)
c	3.897 ***		3.680 ***		4.083
	(6.45)		(7.75)		(12.51)
R^2	0.829	0.717	0.965	0.934	0.962
LogL		296.745	312.740	312.749	312.749
Hausman	chi2(5) = -25.47	chi2(7) = 73.21 P = 0.0000		chi2(6) = 101.90 P = 0.0000	

注：*、**、***分别表示10%、5%、1%的显著性检验水平，( ) 内为t值。下同。

面板空间杜宾模型分为固定效应和随机效应分析，通过Hausman检验结果可知应采用固定效应分析。从表3-10第2列可以发现，集聚度S的系数显著为正，表明体育用品制造业集聚的空间滞后效应为正，促进区域经济的增长；物质资本存量、政府投资以及外商直接投资三个控制变量均与长三角城市的经济增长存在正向关系，且三个指标在1%的检验水平上均显著。具体来说，当资本存量提高1%时，为城市经济增长贡献0.402个百分点；当政府投资与外商直接投资规模分别提高1%时，所在城市经济增长率提高0.539和0.118个百分点。此外，空间自回归系数ρ值显著为正，且通过了1%的检验水平，表明邻接城市的经济增长可能存在正向的空间外溢效应。这一结果从理论上分析，由于具有较高经济增长率的城市同时具备规模以上的制造业集聚区和较高资本存量，政府投资与外商投资的水平也会较高，所以对于其邻接地区的经济连带作用也较强，起到了一种辐射效应，从而促进周边城市的蓬勃发展。此外，人力资本 lnl 的系数显著为负，且数值与 OLS 估计较为接近，这可能和人力资本转移的水平效应有关。当人力资本总量并未发生增值或损失的时候，劳动力人口从农村流向城市，不仅会促进城市经济的增长，还会稀释城市的平均人力资本水平（胡志高等，2018）。

根据 Hausman 检验的结果，空间误差模型同样选择固定效应分析。从表 3－10 第 5 列中可以得出，体育用品制造业集聚度未能通过 5% 的显著性水平上的检验，且系数均比其他模型要小，但在 10% 的统计水平上可以认为体育用品制造业的集聚仍具有促进经济增长的作用；资本存量、政府投资和外商直接投资均在 1% 检验水平上显著为正，即与城市的经济增长存在明显正向关系。从影响程度上看，同样是政府投资对城市经济增长的影响程度最大。可见长三角地区政府投资的力度很大。面板空间误差模型的自相关系数 λ 值为 0.625，且在 1% 检验水平上显著为正，表明在空间上看，误差项与城市经济的增长具有显著的正向关系。此外，与其他控制变量不同，人力资本变量在其他模型中显著为负，但在空间误差模型中，该变量不仅为负值，且 10% 的检验水平上不显著，表明人力资本变量对区域经济的影响存在不稳定性。

从表 3－10 来看，PSDM 模型中集聚对区域经济有显著的影响，但由于该模型的回归系数并不能直接反映自变量 S 对变量 Y 的影响程度，因此需要再次计算出直接效应、间接效应和总效应才能具体描述。结果如表 3－11 所示。除了 LR－总效应中 lngov 没有通过 10% 显著性水平上的检验，其他解释变量在直接效应、间接效应、总效应中均通过 5% 显著性水平上的检验。

表 3-11 PSDM 模型的直接效应、间接效应和总效应

lngdp	LR-直接效应			LR-间接效应			LR-总效应		
	系数	T值	P值	系数	T值	P值	系数	T值	P值
s	0.032***	3.16	0.002	0.016**	2.42	0.015	0.049***	3.08	0.002
lnk	0.415***	5.80	0.000	0.215***	2.91	0.004	0.630***	4.86	0.000
lnl	-1.179***	-4.04	0.000	-0.599***	-2.85	0.004	-1.778***	-3.96	0.000
lngov	0.489***	8.63	0.000	-0.716***	-4.53	0.000	-0.227	-1.14	0.255
lnfdi	0.123***	5.28	0.000	0.063***	2.91	0.004	0.186***	4.67	0.000

从表 3-11 可以看出，体育用品制造业集聚的直接效应和间接效应均显著为正，大小分别为 0.032 和 0.016，直接效应为间接效应的两倍，表明体育用品制造业集聚能显著促进本地区经济的增长，并且集聚会引发空间外溢效应，对邻接地区的经济增长也有明显促进作用。从总效应也可得到，每当体育用品制造业集聚度增加 1 个单位，就对整个长三角地区的经济带来 0.049 个百分点的提升。长期来看，体育用品制造业的集聚对区域经济增长具有正向外部性。究其内在原因，本书借鉴 Paul Krugman 企业空间集聚所产生的外部规模经济这一理论观点对其进行详细阐述。首先，集中在一起的体育用品制造业厂商比单个孤立的厂商更有效益。原因是存在专业化供应商、劳动力市场共享以及知识外溢效应三个基本要素。其次，体育用品制造业厂商的集聚能为掌握专业化技术的工人打造出一个相对完善的劳动力市场。最后，当体育用品制造业不断创新产品时，知识就成为一项重要的投入要素。基于以上三点，体育用品制造业厂商的集聚通过外部规模经济效应增强了本地区和相邻地区不同部门间的知识溢出，在为整个长三角地区体育用品制造行业的发展提供技术支撑的同时，也促进生产要素、技术等跨地区的溢出。而在集聚的不断发展过程中，形成“涓流效应”即集聚度高的城市带动周围城市的经济增长，从而提升长三角城

市的经济发展。再通过比对其他变量不难发现，体育用品制造业集聚度的空间溢出增长效应占总增长效应32%以上，而资本存量的空间溢出增长效应占总增长效应也超过34%，由此印证了资本存量增加所引致的空间溢出效应也具有促进区域经济增长的重要作用。人力资本变量的系数在三个效应中均显著为负，与前文结论一致，表明人力资本要素对经济增长产生了负向影响。这里另一个解释是长三角地区某些城市存在劳动力供给过剩，从而使其劳动力的边际贡献率处于递减状态。政府支出变量在直接效应中显著为正，但间接效应表现出与地区经济呈现负向关系，且间接效应的作用约为直接效应的1.5倍。具体来看，每增加一单位本地区的政府支出，对本地区经济贡献0.489个百分点，同时会对邻接地区造成0.716%的负向影响。但是总效应在10%检验水平上不显著。其主要原因可能是受“挤出效应”的影响，当邻接地区政府支出一部分进入本地区后会增加本地区的政府支出，进而对本地区的私人投资产生挤占效应，导致本地区国民收入减少。外商直接投资中三个效应均显著为正，大小分别为0.123、0.063和0.186，表明长三角地区的经济增长依赖外商资本。杜宾模型的政府投资和外商直接投资与普通最小二乘法的估计系数相比，其直接效应更小，这也在某种程度上说明普通最小二乘法估计由于没能考虑到空间效应的存在，从而会高估政府投资与外商直接投资对区域经济增长所带来的直接效应。

（四）稳健性检验

为了进一步证实空间计量结果的可靠性，本书采用更换空间权重矩阵的方法进行稳健性检验。结果如表3－12所示。

当模型存在空间溢出效应时，某个自变量的变动不仅会对本地区的被解释变量产生影响，同时也会对邻接地区的被解释变量产生一定影响，因此使用邻接权重矩阵能够较好地研究以相邻关系定义的地理空间，故本书基于一阶邻接的标准化矩阵进行稳健性检验。表3－12第2列和第3列分别显示了在固定效应下两种空间模型的回归结果，可以发现模型总体拟合程度较好，空间自相关系数ρ显著为正，表明长三角地区的经济增长存在显著的空间溢出效应。同时空间自回归系数λ也显著为正，表明空间误差项对被解释变量的影响明显存在。虽然个别变量的显著性水平有所变化，但检验结果依然支持了本书长三角地区体育用品制造业集聚可以推动本地经济增长的结论。

表3－12　稳健性检验

变量	替换空间权重矩阵	
	空间杜宾模型	空间误差模型
S	0.0182*	0.006
	1.90	(0.69)
lnk	0.4345***	0.287***
	(6.19)	(4.59)
lnl	－1.346**	－0.036
	(－4.50)	(－0.12)
lngov	0.551***	0.551***
	11.33	(12.45)
lnfdi	0.112***	0.1667***
	(4.64)	(6.88)
ρ	0.378***	
	(5.94)	
λ		0.608***
		10.66
R^2	0.6277	0.7774
Hausman	chi2(7)＝76.41　Prob＝0.0000	chi2(6)＝89.93　P＝0.0000

第五节　典型案例

一、安踏体育用品有限公司国内转移情况

安踏体育用品有限公司（以下简称安踏）是中国领先的体育用品企业，主要从事设计、开发、制造和销售安踏品牌的体育用品，包括运动鞋、服装及配饰。该公司于1994年在晋江创立，目前是一家中外合资的综合性体育用品企业，由安踏（福建）鞋业有限公司、北京安踏东方体育用品有限公司以及安踏（香港）国际投资公司和安踏鞋业总厂组成。经过二十几年的发展，该公司的产品已经实现多元化，集团化程度也不断提高。

（一）转移过程

2013年，安踏利用多年来形成的产业链优势，积极引进上下游产业，在安庆市长江大桥经济开发区投资建设以“节能、低碳、和谐”为目标的生态型综合性工业园区——安庆市安踏工业园，并将其打造成为包括研发、生产、销售、展示、商贸、物流、商业房地产在内的中国内地最大的体育用品研发、生产基地和销售、配送中心。安庆市安踏工业园总投资规模80亿元，共占地2400亩，分两期实施，五年全部建成。其中第一期工业项目主要为鞋底、鞋帮、成品鞋、服装制造及配套物流等，占地1000亩，劳动用工人数约3万人，投资人民币20亿元；第二期工业用地1000亩，主要为服装、箱包、展架等及其上下游产业的引进、建设、投产、销售等。

2019年，安踏产业园落户河南商丘梁园区。河南商丘梁园区安踏产业园项目总投资10亿元，首期项目建成后，将拥有集研发、生产于一体的完整的运动鞋生产配套线 16 条，年产量约 1000 万双，年产值约 7.5 亿元，年创税 2500 万元以上，安置就业 6000 人以上。

（二）转移动力

第一，生产要素成本不断上升。经过 30 年高速增长，晋江地区的劳动力、土地等生产要素成本大幅上升，本土运动鞋类企业生产成本不断提高，迫使这一地区的制鞋产业开始向外迁移，转到政策优惠、劳动力资源、土地资源丰富的地区。对于劳动密集型产业来说，产业迁移的决定因素主要是要素成本的高低，即价值链中生产环节的选址决定因素是成本要素，包括劳动力成本、土地成本和资源成本，其中前两者最为关键。

第二，承接地政府服务工作到位。以安踏入驻安庆为例，安庆市委市政府成立了专门的协调小组，为安踏工业园投资建设提供全程服务，协助办理企业立项、审批、工程报建及其他相关证照手续，协调相关部门及时处理建设过程中及投产后的相关需求。与此同时，市委市政府等相关部门还为工业园项目提供用地保障，负责项目用地基地建设，完成道路、供电、通信、燃气、排水、排污的“七通一平”。

二、福建匹克集团国内转移情况

福建匹克集团有限公司（以下简称匹克）是一家从事鞋、鞋材、服装及包袋等体育运动专业装备器材制造的外向型企业集团，已有近 30 年的专业制造与销售经验。截至 2016 年底，匹克在中国的零售网点达 5000 多家，业已建立起成熟的产销结合的品牌运营体系，出口业务遍及欧、美、亚、非、澳五大洲，销售网点达到 200 多个。此外，匹克还在中国北京、广州、厦门、泉州和美国洛杉矶成立了五家国际设计研发中心，为匹克市场国际化迈出了标志性一步。匹克在近年来的发展过程中，不但继续提供专业化的运动装备，还通过举办国际化专业赛事，开展足球、网球等项目培训，深入体育服务领域，构建匹克体育产业生态圈，加速由单一体育用品制造企业向专业体育服务企业战略升级。2016 年被国家体育总局正式认定为国家体育产业示范单位。

（一）转移过程

随着经济全球化趋势加快及生产成本不断上涨，耐克、阿迪达斯等国外知名体育品牌先后关闭在华工厂，转移到如东南亚等一些生产成本更低的地区。匹克体育用品制造业没有进行国外产业转移，而是将生产、加工等环节转移到我国中西部一些地区。

2006 年，匹克决定在江西宜春上高县建设生产基地。2008 年，匹克建成 7 条生产线，2013 年底将生产线扩充至 16 条，年产量达 1200 万双。2018 年，在匹克（江西）实业有限公司成立十周年之际，智能生产线启动仪式圆满举办。此时，匹克（江西）实业有限公司厂区占地面积 300 亩，已建设厂房 9 万多平方米，员工宿舍 5 万多平方米，主要生产匹克牌运动（休闲）鞋、服等体育用品，产品远销欧、美、亚、非、澳五大洲及国内各地[①]。

2011 年，匹克开始投资在山东菏泽建立生产基地。基于东部沿海地区生产成本上升的压力以及开拓北方市场的需要，加上菏泽的地理、区位等优势和当地政府的政策支持，匹克投入 10 亿元建立了菏泽匹克工业园。该工业园占地 2000 亩，年生产能力达 2200 万件，与福建泉州、惠安和江西上高这三个生产基地形成稳固的金三角，同时跨越华南、华中、华北等重点市场区域，为匹克开拓市场疆土奠定了强大的货源基础[②]。

（二）转移动力

首先，经济因素是匹克转移的主要驱动力。近几年，东部沿海地区的原材

① 匹克（江西）实业有限公司成立十周年，智能生产线谱写新篇章［EB/OL］. http://www.sohu.com/a/215886197_272711.

② 匹克 2000 亩生产基地落户菏泽［EB/OL］. http://www.sjfzxm.com/news/difang/20110420/226143.html.

料价格、用工成本持续上涨，属于劳动密集型的体育用品制造业的利润空间不断被压缩。匹克转移到劳动力相对低廉、土地成本更低和原材料丰富的地区，有利于企业生产与资金的合理投入，缓减因生产成本提高带来的资金压力，使企业持续加大对技术研发、产品设计的投入，提升企业竞争力。

其次，行业协会的推动。匹克在江西上高县建立生产基地与福建省鞋业行业协会的推动有关。为了更好地服务企业，规避单个企业在外地投资办厂的风险，福建省鞋业行业协会协调部分企业在江西省建设了一个规划统一、功能齐全的“福建鞋业创业基地”，以制鞋产业规模经营的方式规划建设，根据实际情况协调鞋材、鞋机、鞋模等配套企业进驻，形成产业链。通过组团进驻，取得与当地相关部门对地价和劳动工资谈判的优势，促使当地政府进一步优化投资软环境，并以企业自主管理形式建设新厂。匹克由此于2006年在江西上高县投资建立生产线，2008年正式生产。

最后，承接地政府的服务保障工作。承接产业转移地区需要有相关的配套设施和工业园区或者可建造工业园区的条件，这就需要当地政府的支持和配合，提供基础设施、优惠政策等。由于地区发展需要和国家的大力扶持，中西部地区已大致具备了承接产业转移的基础条件。以江西上高县为例，为承接东部地区的产业转移，早在2001年就全面启动工业园区建设，大力推进工业园区化、园区产业化，这也为匹克的入驻奠定了良好的基础。

三、鸿星尔克（厦门）实业有限公司国内转移情况

鸿星尔克（厦门）实业有限公司（以下简称鸿星尔克）创立于2000年，总部位于厦门，是一家集研发、生产、销售为一体的大型运动服饰集团。目前，鸿星尔克在福建拥有逾万人的鞋服制造基地，可以更快满足市场需求。在营销网络建设方面，目前鸿星尔克在国内拥有7000余家店铺，通过与蚂蚁金服旗下支付宝的合作，全面将线下门店接入支付宝会员，利用支付宝在支付、

营销、云计算等方面的能力，实现线上与线下业务的联通。

（一）转移过程

2018 年 8 月 21 日，鸿星尔克（安岳）鞋服生产项目在安岳开发区正式投产。据悉，该项目从考察到落地投产仅用了约 100 天，创造了“安岳尔克”速度。投资约 5 亿元的鸿星尔克（安岳）鞋服生产线项目分三期建设，目标是建成鸿星尔克国内最大的生产基地。一期投资约 1.5 亿元，于 2018 年 9 月底前建成，建成 6 条制鞋生产线；二期投资约 1 亿元，于 2019 年 6 月底前建成，建成 6 条制鞋生产线；三期投资约 2.5 亿元，在一、二期项目建成后启动项目，预计再建设 6 ~ 8 条制鞋生产线和 6 ~ 8 条服装生产线，并在安岳设立西南总部大楼及中央仓，辐射云南、贵州、四川的物流配送。项目全部建成投资运营后，将实现年生产鞋、服约 1500 万双/件，年产值约 20 亿元人民币，年税收 1 亿元，带动就业约 2500 人。鸿星尔克（安岳）鞋服生产项目的落地投产，将充分发挥鞋服产业龙头企业的引领和带动作用，促使安岳鞋服全产业链条加快形成。

（二）转移动力

第一，承接地产业基础较好。资阳是西部鞋业一座新兴产业基地，区位优势独特，产业基础坚实，城镇体系完善，生态环境良好。经过 20 年的辛勤耕耘，资阳发展基础更加坚实，正迎来大有可为的历史机遇期。鸿星尔克董事长兼总裁吴荣照表示，选择在资阳安岳投资，是看中了这里良好的投资环境，这里的厂房和已经培训好的技术工人符合企业的需求。因此，鸿星尔克毫不犹豫地将安岳确定为鸿星尔克在福建之外的首个也是全国最大的生产基地。

第二，政策扶持力度大，办事效率高。2018 年 6 月召开的四川省委十一届三次全会，给予了资阳 10 个方面的政策措施支持，对资阳未来发展具有历史性、决定性意义，必将给资阳带来革命性、格局性变化。资阳将纺织鞋服产业作为全市“五大产业”之一，制定支持纺织鞋服产业发展的意见，以安岳、乐至两大园区为承载平台，整合各种支持政策，积极承接成渝和沿海地区纺织鞋服产业转移，系统规划、统筹布局，努力打造“西部鞋都”。在项目对接洽谈过程中，资阳市书记亲自带队到晋江召开投资恳谈会，表明了资阳市委、市政府领导对发展鞋业的决心，欢迎晋江企业到资阳投资开厂。安岳各级干部不断创新思路，以最快捷的速度、最简化的程序、最优质的服务为项目成功落地投产营造良好的投资环境。

四、361°集团国内转移情况

361°集团是一家集品牌、研发、设计、生产、经销为一体的综合性体育用品公司，其产品包括运动鞋、服装及相关配件、童装、时尚休闲等多种品类。361°集团成立于 2003 年，1983 年从晋江家庭式作坊成长起来的华丰鞋厂是 361°最早的前身。此后，鞋厂更名为万事乐，初期从台湾引进设备生产旅游鞋，后期开始生产运动鞋，曾在中国市场占据一席之地。直至 2003 年，公司改名 361°出现在市场，此后不久，该品牌便跻身国内运动鞋销量三甲。2009 年 6 月，361°在香港成功上市。目前，361°的产品已覆盖全球 20 多个国家和地区，包括英国、德国、法国、奥地利及瑞士等。截至 2017 年，361°集团在巴西、美国、欧洲及中国台湾分别拥有 1241 个、1030 个、378 个及 40 个销售网点。

（一）转移过程

2010 年 6 月徽商大会期间，361°国际有限公司与瑶海工业园区签约。该公司将在瑶海工业园区建设服装产品研发、生产、终端销售基地，并将拟建厂区打造区域性生产基地，项目总投资 41 亿元。

2018 年 9 月，361°（达州）大竹鞋服产业园正式竣工投产。361°（达州）大竹鞋服产业园是 361°（中国）有限公司在四川省投资建设的首个园区，也是大竹县引进的首家上市鞋服企业。为了促成 361°（达州）大竹鞋服产业园签约落地，自2017年底，达州市委、市政府主要领导多次指导相关招商工作，并亲自带队赴福建晋江总部协商洽谈；大竹县委、县政府先后组织11次“小分队”招商，在企业方的密切配合下，最终在不到一年的时间内快速平稳地实现了企业的落地投产。从正式签约到投产，该项目落地时间正好100天。据企业相关负责人介绍，361°（达州）大竹鞋服产业园项目一期租赁厂房45000平方米，建设6条生产线，用工约2000人，预计年产800万~1000万双鞋，年产值约3亿元。二期计划投资5亿元，占地300亩，建设361°西部生产基地。该项目还将吸引一批361°上下游供应商入驻大竹县，加速形成较为完整的产业供应链。到2020年，该项目将建成9条生产线，提供就业岗位3000个，预计实现产值5亿元。

（二）转移动力

第一，361°集团谋求发展的现实需要。投资建设361°（达州）大竹鞋服产业园是361°加快实施西南地区战略布局的重要一步，这不仅扩大了361°在西南地区的辐射范围，更是极大增强了361°鞋服产业的生产能力，提升其市场反应速度。

第二，承接地基础设施完善，人力资源充沛。瑶海区作为合肥的老工业基地，达州市地处川、渝、陕三省接合部，自然资源丰富、区位优势显著。近年来，安徽省和四川省抢抓“一带一路”建设和长江经济带建设的战略机遇，主动出击，积极承接沿海产业转移，为建设四川东出北上综合交通枢纽和建设川渝陕结合部区域中心城市不断集聚工业经济“硬实力”。361°集团总裁、执行董事丁伍号曾表示，大量优质劳动力是361°落地大竹看重的要素之一。在晋江，招工压力逐年增大，该企业每年招工人数以20%的速率在下滑。在大竹，目前已投产的3条生产线用工需求为1000人，现已招工500余人。另外，现在每天平均新增员工30余人①。

五、李宁（中国）体育用品有限公司国内转移情况

李宁（中国）体育用品有限公司（以下简称李宁公司），由著名体操运动员李宁创立。李宁公司成立于1990年，经过30年的探索，已逐步成为代表中国、国际领先的运动品牌公司，拥有研发、设计、制造、经销及零售实力。李宁公司采取多品牌业务发展策略，除自有核心李宁品牌（LI-NING），还拥有乐途品牌（LOTTO）、艾高品牌（AIGLE）、心动品牌（Z-DO）。此外，李宁公司还控股上海红双喜、全资收购凯胜体育。自2004年6月在香港上市以来，李宁公司业绩连续六年保持高幅增长，2009年更是达到83.87亿元人民币。李宁公司的销售网络遍布中国大地，截至2009年底，李宁公司店铺总数达到8156家，遍布中国1800多个城市，并且在东南亚、中亚、欧洲等地区拥有多家销售网点。

（一）转移过程

2008年，李宁（荆门）工业园落户荆门经济开发区。李宁（荆门）工业园是集成衣、鞋类、配套产品生产及物流配送为一体的综合产业园，由李宁公司及其核心供应商共同投资兴建，占地3200亩，总投资32亿元，全部建成后承担李宁公司全部供应量的50%~60%，产值预计达50亿~60亿元。随着李宁（荆门）工业园的建成投产，旭福纺织、宁瑞志织造、龙行天下、东林体育、鑫泰彩印等一大批配套企业纷纷入驻。2009年8月31日，李宁加工园一期建成投产。2010年，李宁（湖北）体育用品有限公司在荆门高新区正式成立，同时还引进了享誉国际的物流巨头东方海外，投资建设覆盖华中地区的李宁物流园，形成李宁品牌三大集团，即以湖北动能体育用品有限公司为主的李

① 361°（达州）大竹鞋服产业园竣工投产［EB/OL］. https：//cbgc. scol. com. cn/news/93429.

宁运动服装集团、以湖北福力德鞋业有限公司为主的李宁运动鞋业集团、以李宁湖北区域总部为主的李宁物流集团。李宁（荆门）工业园，占李宁公司整体供应链40% ~50%的规模，在整个供应环节中占有举足轻重的地位。从总体说，体育用品生产业务由珠三角、长三角向湖北中部荆门的转移，对荆门、李宁公司乃至中国体育用品行业的发展，都具有里程碑意义。

（二）转移动力

首先，李宁公司优化供应链格局的需求。之所以选择荆门，将制造基地从沿海向内地转移，一是迫于沿海地区制造业成本的不断提升，二是为了辐射更多的内地市场。布局荆门正是李宁公司2009 ~2013 年 5 年计划的核心之一，公司 CEO 张志勇将其归纳为供应链的第一目标，即产业基地转移，降低成本，实现协同效应。更具体地说，李宁公司希望通过荆门工业园的运作，提升供应链效率，实现批发物流向零售物流的转型，改变现有的从 DC（仓库或分销中心）到 DC 的物流模式，实现从 DC 到门店的直接配送。

其次，李宁公司在整合供应商模式上具有最大话语权。李宁公司的核心供应商原本的生产基地都在广东、福建和江苏，生产成本的提高使它们一直以来都有向西部转移的念头，但囿于企业自身的规模而难以成行。在抱团西行荆门这样重要的决策上，李宁公司拥有最大话语权，对上述供应商来说，李宁公司是它们最大的客户，而对李宁公司而言，这个比例就要小得多。追随李宁公司西进，这些供应商将有望节省10% ~15%的生产成本，而且李宁公司承诺，未来5年内陆续安排10% ~50%的订单在这个工业园生产，并将优先保证工业园的产能满负荷运转。与之相配套，李宁公司将为供应商提供研发和技术上的支持，并引入物流集团。另外，李宁公司还会把产业链更上游的原材料供应商带入工业园，最终形成完整的供应链。

最后，承接地产业基础较好，政府服务工作到位。湖北是承接中国的中心，荆门市位于湖北省中部，接壤东西南北，交通发达，物流便捷，具有区位优势。从湖北发货到全国各地的距离都是差不多的，方便货物的周转和快速的市场铺货。此外，荆门土地成本、原材料成本、管理成本相对较低，且接近原材料产地，接近劳动力密集地区，可以节约大量的生产成本，极大地提高生产效率。在投资建设李宁（荆门）工业园的过程中，各级政府的服务工作高效、到位，极大地保障了工业园按期投产。2009 年 6 月 30 日，荆门市委、市政府提出大战 50 天，确保李宁（荆门）工业园按期投产。李宁（荆门）工业园指挥部办公室全体人员迅速行动起来，实行全天候工作，全力服务园区建设。8 月 30 日，工业园第一期项目顺利投产，2013 年 12 月底工程全部建成投产。

第六节　结论与政策建议

一、结论

主要结论如下：

（1）我国各省市体育用品制造业空间集聚存在较大差异，出现极化现象，但差异在不断缩小。具体地说，体育用品制造业优势省份仍以东部省市为主，但经过产业转移，中部省份开始跻身优势区域，并且在研究期间，上海、福建转出量最大，中部地区江西、湖南转入量最大，西部地区集聚现象不太显著，但区位熵及产值份额都缓慢增加。

（2）我国体育用品制造业在空间上呈“北（偏东）—南（偏西）”的分布格局，区域间发展仍不平衡，但在研究期间体育用品制造业的转移方向总体上呈现“北偏西—西偏南—南偏西”垂直翻转的“√”形转移的空间格局演变趋势。

（3）回归结果发现，影响我国体育用品制造业转移的因素中，产业固定资产投资、人力资源、技术水平、基础设施、经济支撑与我国体育用品制造业转入呈正相关；人力成本、地方政府政策与产业转入呈负相关，即地区产业固定资产投资越多、人力资源越丰富、技术水平越高、基础设施与经济水平支撑力度越大将促进产业转入的概率，而人力成本及政府税收越高则会降低产业转入的概率，其中人力资源及地方政府政策影响程度最深。

（4）2005 ~2015 年，长三角地区 27 个城市体育用品制造业集聚变化如下：南通市的专业化集聚度不断增强；上海、苏州、舟山、台州的专业化集聚度不断降低。杭州、宁波、金华、绍兴、南京、常州、扬州、嘉兴、合肥、滁州的专业化集聚度先增大后减小，呈现为“集聚—扩散”的形态；芜湖、镇江、温州、湖州、泰州的专业化集聚度波动增大，呈现为“波动集聚”的形态；其余城市集聚形态变化不明显。

（5）长三角地区体育用品制造业集聚的空间结构表现为“核心—边缘”结构特征。2005 年核心地区为扬州、南通和宁波，边缘地区包括盐城、镇江、无锡等 10 个城市。2010 年核心地区为扬州、南通和金华，边缘地区为盐城、无锡、台州、铜陵、安庆、池州。2015 年核心地区仅为南通，边缘地区在 2010 年基础上增加了常州和宣城。从演变特征来看，2005 ~2010 年主要呈现核心地区高度集聚，边缘地区集聚增强的态势；2010 ~2015 年主要表现为部分边缘地区集聚度显著增强，核心区域集聚度有所下降的反向演化趋势，但边缘地区与核心地区的集聚水平依然存在明显差距。

（6）长三角地区体育用品制造业集聚度的发展具有明显的全局空间负相关关系，即存在体育用品制造业集聚度高的城市与集聚度低的城市互为相邻的特征。关系演变具有明显的空间差异特征，高—高集聚区域呈现出缩小的趋势；低—高集聚区域和低—低集聚区呈现出先增加后减少的趋势；高—低集聚区呈现增加的趋势。

（7）通过杜宾模型的效应分解发现，直接效应、间接效应、总效应中自变量集聚度的值均显著为正，这表明集聚度对区域经济增长产生明显的空间溢出效应，不仅能对本地区的经济增长产生促进作用，还能通过溢出效应影响邻接地区。资本存量、政府投资以及外商直接投资均对城市经济具有不同程度的促进作用，人力资本对经济的作用具有不稳定性。空间误差模型估计结果表明，误差项对于城市经济增长从空间上也具有明显的正向影响，说明在以往研究中通常被忽视的误差项也具有促进经济增长的作用。

二、政策建议

我国体育用品制造业正面临着转型升级的挑战，如何抓住新一轮产业转移的机遇，加快从体育用品制造业大国转变为制造业强国，成为“中国制造2025”背景下亟须研究的重要课题。基于我国体育用品制造业当前空间转移的特征和趋势，一方面产业承接区要做好产业承接的准备工作，另一方面产业转出区和承接区要做好分工合作，建设国内创新价值链，摆脱我国体育用品制造业在全球价值链上的低端锁定。

（1）中西部地区作为体育用品制造业承接地，要做好承接的政策设计和空间保证，力争做到在承接产业转移的同时实现产业升级。第一，在产业承接的准备方面，要做好基础设施建设和公共服务平台的架构，努力营造良好的营商环境，吸引更多的产业转入；在产业升级方面，要对转入产业有所抉择，制定准入规则，摒弃那些环境污染严重、技术水平低的低端产业。第二，要努力创造产业升级的条件，特别是要改善用人环境，实施人才发展战略，注重技术创新，积极引进先进技术，满足体育用品制造业高质量发展的需求。

（2）东部沿海地区作为体育用品制造业的转出地，要加强优质环节供给，将相对成熟的体育用品制造业生产环节转移出去，释放出生产能力，并将其投入到高端价值链环节中去，实现产业转型升级。同时，要防止产业转移后的地

区产业“空心化”，在产业转出的同时，及时发展高端产业，提升区域竞争力。

（3）在体育用品制造业的转移过程中，为了国家宏观产业战略的实现，也为了获得长远利益，我国东中西部地区可以建立自己的体育用品制造业国内价值链。在东部发达地区发展设计和营销环节，在东部欠发达地区和中部地区先行开展设计、质检、组织生产、物流等环节，在西部地区因地制宜发展产品生产环节。在体育用品制造业国内价值链建立的过程中，东部和西部地区要在设计和营销上加强合作，利益共享，同时加强国内市场的开发，借助国内市场的力量与发达国家的跨国公司以均衡的网络对接，形成与跨国公司进行市场竞争的能力。

（4）注重体育用品制造业集聚的发展规划，协调区域经济发展。研究表明，长三角地区体育用品制造业空间结构分布不均匀，且核心区与边缘区的集聚差距依然凸显，阻碍区域间协调发展，因此地方政府要积极制定区域协调政策，根据各地区自身优势，做好城市的功能定位，利用集聚经济的正外部性带动地方经济发展。

（5）对于政策的制定还需要考虑体育用品制造业集聚的空间溢出效应，重视加强邻近城市相关企业的合作与交流，积极引导相关生产要素形成集聚，促进资源跨区域流动，使体育用品制造业集聚对于地区经济增长形成技术溢出效应和知识溢出效应。此外，处于体育用品制造业高端地区应根据发展实际情况，进一步加强产品的设计和科技研发，引领制造业向高端化转型发展，并逐步推进产业转移。处于低端的城市要加强自身基础建设，为产业承接做足准备。

第四章 我国体育用品制造业创新能力差异及收敛性分析

第一节 我国体育用品制造业创新能力评价

目前我国体育用品制造业正处于发展的重要时期，我国也正在从体育大国向体育强国发展。在我国经济保持中高速增长的时代背景下，体育用品制造业创新能力的提升是转变经济发展方式、实施以创新为主导的发展策略、全面促进体育产业又好又快发展的重要机遇。在国家体育总局 2016 年 7 月 13 日颁布的《体育产业发展“十三五”规划》中，提出要在坚持改革引领、市场主导、创新驱动和协调发展的基本原则下，实现体育产业总规模的大发展，其中创新驱动意味着我国体育用品制造业在创新能力上有新的提升。

产业创新能力是指产业通过获得主导性创新产权和主要创新收益并能形成长期竞争优势的创新活动的能力。学术界对我国体育用品制造业的创新能力非常关注，并进行了探讨。如舒成利和智勇（2007）和滕守刚（2011）认为体育用品制造业的创新能力是企业通过采用先进的科学技术和手段，开发新产

品、引入新工艺、变革体育劳务或服务的提供方式或内容，并为创新企业带来经济效益、推动体育用品制造业整体发展的能力。影响我国体育用品制造业创新能力的因素主要包括产业外部环境、经济资源存量、人力资源、政府部门扶持力度、企业创新意识、创新活动经费投入、市场开发、“互联网+”、产业集群以及区域经济发展等。基于我国体育用品制造创新能力的不足，一些学者分别从区块链技术、全球价值链、产业集聚、品牌效应、比较优势以及供给侧改革的视角分析体育产业创新发展的前景、挑战和对策。

可以看出，已有文献对我国体育用品制造业创新能力进行了较多的探讨，提出了一系列值得借鉴的结论，但是多为定性分析，通过定量分析并进行科学评价的较少，因而对实践的解释力和指导性不够。因此，本书构建评价指标体系，运用定量方法对我国体育用品制造业创新能力进行分析，并进行地区比较分类，然后对地区创新能力差异的趋势进行收敛性分析，通过对差异性收敛性的分析，提出提升落后地区体育用品制造业创新能力的政策建议，实现提升国家创新能力并缩小地区差异的目标。

一、研究方法和数据来源

（一）研究方法

运用主成分分析法和时间序列分析法相结合的方法。首先建立时序立体数据表。其次采用Z－score标准化将原始数据进行处理，以消除变量间的量纲关系，从而使数据具有可比性。再次对标准化阵求相关系数矩阵和特征根，计算主成分，之后对主成分的计算结果根据各自的权重进行求和，权重为各个主成分的贡献率，即可得到各个成分的得分。最后根据各个主成分的权重计算出最后的得分。

（二）数据来源

鉴于本书所用指标数据在中国工业企业数据库中并没有体现，故采用各省市区统计年鉴中科技一栏的数据，上海、辽宁、黑龙江、浙江、内蒙古、广西和贵州部分数据来源于其省市区科技年鉴工业一栏以及科技经费投入统计公报。鉴于与体育用品制造业创新能力相关的数据较难获得，本书参考靳英华（2009）和安俊英（2013）的做法，选取了2012~2017年31个省市区（除港澳台）的文教、工美、体育和娱乐用品制造业的数据来替代体育用品制造业。

二、指标体系构建

参考刘慧岭（2013）的研究方法以及王德平等（2009）对体育用品制造业创新能力分析的指标体系，构建了包括体育用品制造业创新资源投入能力、体育用品制造业创新研发能力、体育用品制造业创新产出能力三个方面的体育用品制造业创新能力评价指标体系。创新资源投入能力主要反映在创新过程中的资源投入情况，创新研发能力主要反映创新活动的效率和效益，创新产出能力主要反映创新成果转化为经济效益的情况。如表4-1所示。

表4-1　体育用品制造业创新能力评价指标体系

一级指标	二级指标	变量	计算方法
体育用品制造业创新资源投入能力	研发财力投入强度	X_1	R&D经费内部支出/主营业务收入
	研发人力投入强度	X_2	R&D人员数/从业人员数
	研发企业投入强度	X_3	有新产品生产的企业数/行业企业数
体育用品制造业创新研发能力	新产品开发强度	X_4	新产品开发经费/R&D经费内部支出
	千人发明专利数	X_5	专利授权数×1000/从业人员数
体育用品制造业创新产出能力	新产品销售收入能力	X_6	新产品销售收入/主营业务收入
	新产品劳动生产率	X_7	新产品销售收入/从业人员数

创新资源投入主要可以从企业在创新活动中所投入的资源来体现，具体包括物力资源、人力资源和财力资源，这些投入包括了整个企业创新过程中的所

有投入，为整个创新活动的开展奠定了基础，在一定程度上反映了企业创新活动投入强度。具体到体育用品制造业，主要表现为R&D经费内部支出所占主营业务收入的比重、R&D人员数占行业从业人员数的比重以及有新产品生产的企业占整个体育用品制造业行业企业数。

创新研发是企业进行创新决策最容易被识别的因素，是整个创新活动的过程。由于企业在新产品的开发过程中主要需要相应的专利以及经费的支持，所以这在一定的程度上反映了企业的研发能力。具体到体育用品制造业，可以用新产品开发经费占R&D经费内部支出的比重，以及每千人专利授权数来反映。

创新产出主要可以从企业在创新活动中所产生的研发成果为企业带来的经济收益来体现，这也最能体现企业的创新产出量，在一定程度上可以客观地反映企业创新能力。具体到体育用品制造业，创新产出可以用新产品销售收入占主营业务收入的比重、新产品销售收入和从业人员比值来体现。

三、分析过程及结果

对原始数据进行Z－score标准化处理后，利用SPSS 22.0软件对全国2012～2017年31个省市区的数据进行检验。Bartlett的球形度检验sig值为0.000 < 0.005；KMO统计量为0.736 > 0.7。因此所选取的指标数据适合进行主成分分析。

首先，使用全局主成分分析的方法计算出我国31个省市区（除港澳台）2012～2017年降维后的因子，并计算载荷数，得出主成分。可以看出，第一主成分与研发财力投入强度（0.911）、研发人力投入强度（0.873）、研发企业投入强度（0.885）、新产品销售收入能力（0.937）和新产品劳动生产率（0.940）具有很强的相关性。而第二主成分则与新产品开发强度（0.762）和千人发明专利数（0.689）有较强相关性。如表4－2所示。

表 4-2 成分矩阵

指标	成分	
	1	2
研发财力投入强度	0.911	-0.201
研发人力投入强度	0.873	-0.351
研发企业投入强度	0.885	-0.182
新产品开发强度	0.419	0.762
千人发明专利数	0.513	0.689
新产品销售收入能力	0.937	0.035
新产品劳动生产率	0.940	-0.059

其次，分别计算各指标在两个主成分模型中各自的系数以及所占权重，得出两个主成分模型的最终表达式：

第一主成分：

$$F_1 = 0.426Z_1 + 0.408Z_2 + 0.414Z_3 + 0.196Z_4 + 0.240Z_5 + 0.438Z_6 + 0.440Z_7 \quad (4-1)$$

第二主成分：

$$F_2 = -0.179Z_1 - 0.313Z_2 - 0.162Z_3 + 0.680Z_4 + 0.615Z_5 + 0.031Z_6 - 0.053Z_7 \quad (4-2)$$

根据权重，对指标在这两个主成分线性组合中的系数做加权平均，得到综合得分模型为：

$$F = 0.295Z_1 + 0.252Z_2 + 0.289Z_3 + 0.300Z_4 + 0.320Z_5 + 0.350Z_6 + 0.333Z_7 \quad (4-3)$$

最后，将 Z-score 标准化后的对应的指标数据代入第一主成分得分模型式（4-1）、第二主成分得分模型式（4-2）和综合得分模型式（4-3）中，计算出 2012～2017 年我国各省市区体育用品制造业创新能力的得分，如表 4-3 所示。

表4-3　2012~2017年我国各省市区体育用品制造业创新能力得分

省市区＼年份	2012	2013	2014	2015	2016	2017
北京	1.17	1.49	1.67	1.61	1.84	1.97
天津	0.81	1.38	1.62	1.77	1.97	2.28
河北	-0.82	-0.65	-0.54	-0.42	-0.27	0.07
山西	-0.82	-0.63	-0.62	-0.69	-0.54	-0.42
内蒙古	-0.96	-0.82	-0.78	-0.66	-0.54	-0.15
辽宁	-0.70	-0.48	-0.39	-0.32	0.27	0.62
吉林	-0.68	-0.95	-0.74	-0.64	-0.42	-0.20
黑龙江	-0.62	-0.50	-0.49	-0.48	-0.38	-0.14
上海	0.78	1.02	1.28	1.30	1.70	1.89
江苏	0.41	0.62	0.87	1.02	1.31	1.56
浙江	0.66	1.09	1.27	1.65	1.93	2.13
安徽	-0.01	0.20	0.37	0.46	0.72	1.16
福建	-0.25	-0.11	-0.08	-0.04	0.12	0.23
江西	-0.92	-0.67	-0.66	-0.57	-0.19	0.12
山东	-0.27	-0.07	-0.01	0.09	0.31	0.69
河南	-0.84	-0.57	-0.55	-0.52	-0.50	-0.26
湖北	-0.22	0.04	0.09	0.24	0.48	0.86
湖南	0.07	0.24	0.39	0.62	0.73	1.02
广东	0.23	0.39	0.51	0.67	1.05	1.58
广西	-0.68	-0.57	-0.65	-0.66	-0.57	-0.51
海南	-0.40	-0.03	0.05	0.04	-0.06	-0.05
重庆	0.11	0.25	0.46	0.72	0.81	1.44
四川	-0.75	-0.62	-0.48	-0.41	-0.25	0.08
贵州	-0.74	-0.76	-0.77	-0.79	-0.53	-0.25
云南	-0.81	-0.71	-0.59	-0.31	-0.08	0.07
西藏	-0.90	-0.99	-1.16	-1.07	-0.92	-1.00
陕西	-0.55	-0.23	-0.15	-0.15	-0.03	0.08
甘肃	-0.60	-0.38	-0.27	-0.24	-0.29	-0.29
青海	-1.13	-1.04	-1.02	-1.11	-0.94	-0.69
宁夏	-0.65	-0.46	-0.50	-0.35	-0.23	0.01
新疆	-0.91	-0.85	-0.80	-0.69	-0.65	-0.76

第二节 我国各省市区体育用品制造业创新能力的差异及类别划分

一、创新能力位次比较

将2012～2017年我国31个省市区（除港澳台）的体育用品制造业综合得分进行排序，取排名前五位和后三位的省市并进行比较。如表4－4所示。

表4－4 2012～2017年我国体育用品制造业各省市区得分排名

排名	2012年	2013年	2014年	2015年	2016年	2017年
1	北京	北京	北京	天津	天津	天津
2	天津	天津	天津	浙江	浙江	浙江
3	上海	浙江	上海	北京	北京	北京
4	浙江	上海	浙江	上海	上海	上海
5	江苏	江苏	江苏	江苏	江苏	广东
…	…	…	…	…	…	…
29	江西	吉林	新疆	贵州	新疆	青海
30	内蒙古	西藏	青海	西藏	西藏	新疆
31	青海	青海	西藏	青海	青海	西藏

从表4－4可以看出，北京、天津、上海和浙江四个省市的体育用品制造

业创新能力在六年中都一直处于前四名的位置。值得关注的是，从 2015 年开始，天津市取代北京市，体育用品创新能力跃升到第一位，而北京市则下降到了第三位。浙江省从前三年的第三位或第四位上升到第二位。广东省在 2017 年进入到了前五名。青海、西藏和内蒙古等的体育用品制造业创新能力一直比较低，基本上在后三位徘徊，其中青海省六年中有四年排名最后。

二、创新能力类别划分

对我国 31 个省市区的体育用品制造业创新能力得分进行聚类分析。将我国 31 个省市区进行 1 ~ 31 标号，在研究进程中通过平方欧氏距离（Euclidean）、n 维空间的欧式距离来测量距离，之后将不同省市区创新能力得分之间距离小于某一值的省市区分为一类，公式为：

$$d(x_i, x_j) = \sqrt{\sum_{k=1}^{n}(x_{ik} - x_{jk})^2} \tag{4-4}$$

其中，x_{ik} 为第 i 个省市区第 k 年的创新能力得分；x_{jk} 为第 j 个省市区第 k 年的创新能力得分；$d(x_i, x_j)$ 为距离。

我国 31 个省市区体育用品制造业创新能力得分如图 4－1 所示，其中横坐标为距离，纵坐标为 31 个省市区及其所代表的序号，现取距离为 7，可以把我国体育用品制造业创新能力水平依次划为三类。

第一类包括北京、天津、上海和浙江；第二类包括安徽、湖南、广东、重庆和江苏；第三类包括福建、海南、陕西、湖北、山东、河北、四川、云南、江西、黑龙江、宁夏、甘肃、山西、广西、河南、内蒙古、新疆、贵州、吉林、辽宁、西藏和青海。第一类省市区在创新能力得分方面明显要高于其他省市区。第二类省市区的创新能力距离第一类的城市还有一定的差距，但是也有一定的竞争力。第三类省市区体育用品制造业的创新能力处于全国较低的位置，较第一类有很大的差距。

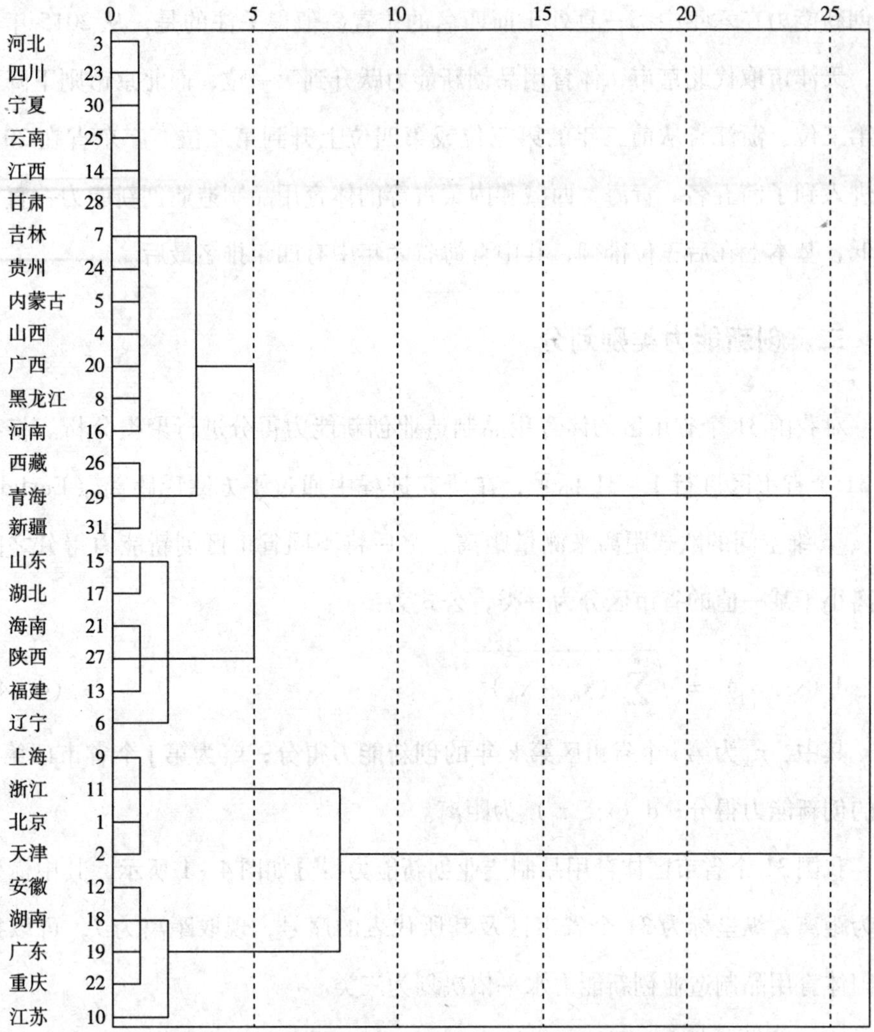

0 5 10 15 20 25

河北 3
四川 23
宁夏 30
云南 25
江西 14
甘肃 28
吉林 7
贵州 24
内蒙古 5
山西 4
广西 20
黑龙江 8
河南 16
西藏 26
青海 29
新疆 31
山东 15
湖北 17
海南 21
陕西 27
福建 13
辽宁 6
上海 9
浙江 11
北京 1
天津 2
安徽 12
湖南 18
广东 19
重庆 22
江苏 10

图 4-1　我国各省市区体育用品制造业创新能力得分

第三节　我国体育用品制造业创新能力差异的收敛性分析

体育用品制造业创新能力的差异主要使用两种不同的收敛方式进行检验，

分别为σ收敛和β收敛。σ收敛是指经济指标的差距随着时间的推移而缩小，β收敛则是指经济指标的收敛速度不同，基础状况较差的地区发展速度更快。相较于σ收敛是衡量经济指标的差距，β收敛则是衡量经济指标增长率的变化。其中β收敛又可以分成绝对β收敛和条件β收敛。绝对β收敛是不考虑不同地区之间的差异，即假定不同的地区有着相同的经济发展状态。而条件β收敛则是放弃了各个地区有着相同初始状态的假设，认为经济指标的增长速度会受到不同地区自身其他条件和因素的影响。

本书分别对σ收敛、绝对β收敛和条件β收敛进行研究，检验我国体育用品制造业创新能力各个省市的差距，即我国体育用品制造业创新能力是否存在收敛性。

一、我国体育用品制造业创新能力的σ收敛检验

本书研究所选取的指标是我国2012～2017年31个省市区的体育用品制造业新产品销售收入，根据这一数据对其进行σ收敛方法验证。σ收敛检验通常用计算出经济指标的标准差来代替σ值，存在σ收敛说明各地区体育用品制造业创新能力差距随着时间的推移逐渐减少。不同地区体育用品制造业创新能力的标准差随时间推移呈现下降的趋势，即不同地区的体育用品制造业创新能力水平趋于相同，我国体育用品制造业创新能力的地区差异通过σ收敛检验。σ可由下式计算可得：

$$\sigma = \sqrt{\sum_{i=1}^{n} (\ln S_i - \ln\overline{S})^2 / n} \qquad (4-5)$$

其中，σ为标准差，$\ln S_i$为i省市区体育用品制造业新产品销售收入的自然对数值；n为省市数量；$\ln\overline{S}$为各个省市区体育用品制造业新产品销售收入的平均值的自然对数值，如果σ_t大于σ_{t+1}，则说明体育用品制造业创新能力存在σ收敛。

测算结果如图4-2所示。从全国范围来看，在2012~2014年存在σ发散，表明各省市区间的体育用品制造业创新能力的差距在加大；在2014~2017年存在σ收敛，表明其各省市区间的体育用品制造业创新能力的差距在缩小。第三类地区和全国的特征类似。第一类地区表现出明显的σ发散，说明其内部各省市区间的体育用品制造业创新能力差距在扩大。第二类地区σ收敛不明显，说明其内部各省市区的体育用品制造业创新能力差距没有变化。

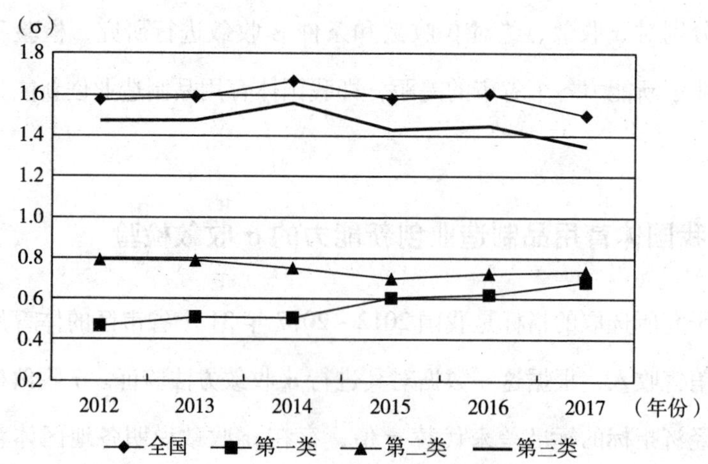

图4-2 2012~2017年体育用品制造业创新能力σ收敛分析

二、我国体育用品制造业创新能力的绝对β收敛检验

绝对β收敛模型参考Barro、Sala-i-Martin（1992）和林毅夫等（2013）的方法，模型如下所示：

$$\frac{\ln \frac{S_{i,t+1}}{S_{i,t}}}{T} = \alpha + \beta \ln S_{i,1} + \varepsilon_t \tag{4-6}$$

其中，T为考察的时间范围；$S_{i,t}$为i地区t期体育用品制造业新产品销售

收入，$S_{i,t+1}$为 i 地区 t+1 期体育用品制造业新产品销售收入；$S_{i,1}$为 i 地区基期体育用品制造业新产品销售收入；α 为截距项；β 为收敛系数；ε_t为一系列不相关的随机扰动项。若 β 大于 0，表明区域内体育用品制造业的创新能力存在发散的趋势；反之，则说明存在收敛的趋势。

通过对全国各省市区范围内及三类地区体育用品制造业创新能力的波动趋势进行检验，表 4-5 即为绝对 β 收敛检验模型回归计算的结果。

表 4-5　体育用品制造业创新能力的绝对 β 收敛检验

参数	全国	第一类	第二类	第三类
lnS	-0.002** (0.014)	0.002 (0.580)	-0.002 (0.134)	-0.003** (0.018)
常数项 α	1.039*** (0.000)	0.971*** (0.000)	1.037*** (0.000)	1.053*** (0.000)

注：***、**、*分别表示 1%、5%和 10%水平上显著，( ) 内数字为显著性概率。

从表 4-5 中可以看出，在全国范围内，变量 lnS 的系数 β 在 5%的水平上为-0.002，小于 0，所以体育用品制造业创新能力表现出明显的绝对 β 收敛，说明存在创新能力较弱的省市区倾向于有更高的增长速度，随着时间的推移各个省市区的体育用品制造业创新能力的增长速度会趋于相同。第三类地区和全国相似，表现出了绝对 β 收敛的趋势，表明第三类地区各省市区创新能力的增长速度趋同，形成稳态增长的水平。第一类地区和第二类地区并没有表现出明显绝对 β 收敛，这表明在相同的经济基础和特征情况下，其内部各个省市区的体育用品制造业的创新能力的增长速度没有趋于相同。

三、我国体育用品制造业创新能力的条件 β 收敛检验

条件 β 收敛认为不同地区有其各自不同的经济基础以及呈现出不同的地区

特征，各个地区的发展会沿着各自不同的状况稳态发展，最终各个地区之间达到一个稳态水平，但是不同地区之间的绝对差距并不会缩小，还可能是一直存在的。根据上面的分析，绝对β收敛的前提假设是不同的地区有着相同的经济基础以及相同的地区特征，但是第一类和第二类地区内的体育用品制造业创新能力并没有显示出达到一个稳态增长的状态，这就需要再进一步对这两个地区的体育用品制造业的创新能力进行条件β收敛检验。本书选取资本投入、金融发展、政府行为以及对外开放度为加入的控制变量，对其进行条件β检验。

资本投入能有效地促进创新活动的进行，有助于提升地区企业的创新效率，对体育用品制造业创新能力的提高有着巨大的影响。某些发达国家或者地区正是因为有着大量的资本投入用于产品和技术的创新，提高其创新能力，从而使它们的生产效率得到提高，经济能够保持稳定且快速的增长，这也就使这些国家或者地区能够长期保持技术上的领先优势。本书以各省市区固定资产投资额（I）作为衡量资本投入的指标。

金融发展可以为创新提供资金保障和风险监督机制。而有的学者认为金融市场和金融制度其自身存在着一定的缺陷，金融系统的支持对于创新能力提升的效果受到当地金融市场发展水平等各个方面的影响，金融发展并不一定是完全有利于创新能力的提升。较低的或者说不完全的金融发展水平不但不能促进地区创新能力的提升，而且可能会抑制企业的创新活动。本书以各省市区银行业金融机构各项存款与贷款的和（F）作为金融发展的衡量指标。

政府行为可以用来反映政府投入的规模以及其对市场的干预程度。截至目前，我国的政府行为对于我国的经济发展起到了巨大的积极作用，但是同时规模过大的政府投入以及过多的政府干预也有可能在某些方面破坏了市场自身的调节机制，削弱甚至是破坏了市场在促进技术创新和经济发展方面的作用。有的学者也认为政府过度地干预市场，使市场本身的调节能力减弱，造成我国不同地区经济发展以及创新能力差距过大。本书采用各省市区政府财政支出

（G）作为政府行为的衡量指标。

对外开放程度可以用不同省市区国外资本的投入情况来反映。一个地区的对外开放程度越高，说明有越多的外部资金以及技术流入，也就越能促进创新资源在地区内的流动，从而促进地区创新能力的提高，同时也会有正向外部性的存在，使不同地区之间存在技术外溢，进而使地区间的差距逐渐缩小。外商直接投资所带来的技术外溢效应对促进创新能力的提高具有极其重要的作用。本书以各省市区外商直接投资实际成交额（FDI）作为各省市区开放程度的衡量指标。

参考林毅夫和刘明兴（2003）条件β收敛检验的方法，模型如下：

$$\frac{\ln\frac{S_{i,t+1}}{S_{i,t}}}{T} = \alpha + \beta \ln S_{i,1} + B\ln X_{i,t} + \varepsilon_t$$

其中，$X_{i,t}$为 i 地区 t 期的其他控制变量；B 为控制变量的系数。

计算结果如表 4－6 所示。

表 4－6　体育用品制造业创新能力的条件β收敛检验

参数	全国	第一类	第二类	第三类
lnS	−0.007***	0.003	−0.011*	−0.012***
	(0.001)	(0.703)	(0.092)	(0.000)
lnI	0.004	0.004	−0.002	0.017*
	(0.234)	(0.683)	(0.692)	(0.080)
lnG	0.004	−0.051	0.016*	−0.001
	(0.594)	(0.160)	(0.055)	(0.969)
lnF	−0.001	0.244*	−0.002	−0.004
	(0.855)	(0.088)	(0.835)	(0.721)
lnFDI	0.004	0.010	0.003	0.005
	(0.107)	(0.471)	(0.280)	(0.148)
常数项 α	1.033***	0.969***	1.090***	1.056***
	(0.000)	(0.000)	(0.000)	(0.000)

注：***、**、*分别表示1%、5%和10%水平上显著，（）内数字为显著性概率。

表4－6表明，在加入了外部的投资、政府的支持和金融发展等控制变量之后，第二类地区体育用品制造业创新能力在10%的水平上呈现出显著的负相关性，变量lnS的系数β在10%的水平上为－0.011（小于0），说明了存在条件β收敛。这个结论表明，外部投资、政府支持、金融发展对落后省市区体育用品制造业创新能力的提升有着一定的促进作用，使各省市区之间的创新能力增长速度差距呈现出一种逐渐缩小的态势。政府支持和对外开放度的加强为落后省市区带来了资金和政策的优惠、先进的技术以及丰富的管理经验，其在吸收先进技术和获得丰富的管理经验后会使体育用品制造业的创新能力增长速度得到提升，从而使各区域之间达到一个稳态增长的水平。

第四节　我国体育用品制造业创新能力差异的影响因素

一、经济因素的循环累积效应

随着我国经济的发展，我国地区之间体育用品制造业创新能力的差异也在不断扩大。在不同地区体育用品制造业创新能力提升的过程中，都需依靠一定的资源投入以推动创新能力的发展。第一类地区与第二类、第三类地区之间的经济资源丰富程度不同，在客观上形成了其创新能力的差距。同时创新能力的提升又反作用于经济活动的开展，使体育用品制造业的发展形成循环累积效应。

二、政策因素实施的及时性和有效性

地区政策制度通过影响人们的行为来促进体育用品制造业创新能力的提升。第一类地区主要在东部地区，而对于体育用品制造业的改革开放政策也是率先在东部地区实施，后逐渐向其他地区展开。同时，第一类地区的体育用品制造业具有强烈的内在需求且政策实施效果好，而其他两类地区由于本身配套设施以及技术水平相对落后，对于政策利好不能及时实施或有效实施，影响了其创新能力的提升。

三、金融因素的支持性

完善的金融体系能够有效地引导资源在区域内的合理分配，合理的资源分配则能更好地促进体育用品制造业创新能力的提升。第一类地区有着比第二类、第三类地区更加完善的金融市场，也就意味着有更高的金融效率。金融机构将筹集来的资金更好地分配到更加有潜力的体育用品制造业中去，从而引发其创新活动。而在金融发展相对比较落后的第二类、第三类地区，市场上的资本包括政府的资金支持，不能准确高效地给予体育用品制造业支持，从而抑制了这些企业的创新活动，导致了地区间创新能力的差异。

第五节　结论与建议

一、结论

主要结论如下：

（1）整体上看，各省市区体育用品制造业的创新能力在历年都有所提升，但是各省市区之间的差距大，北京、天津、上海、浙江和江苏五个省市的体育用品制造业创新能力在六年中都一直处于前五的位置。从 2015 年开始，天津市跃升到第一。青海、西藏和内蒙古等的体育用品制造业创新能力一直比较低，基本上在后三位徘徊。其中青海省六年中有四年排名最后。

（2）聚类分析结果表明，我国体育用品制造业创新能力最强的是第一类，包括北京、天津、上海和浙江；其次是第二类，包括安徽、湖南、广东、重庆和江苏；另外的 22 个省市区最弱，为第三类。

（3）σ 收敛分析结果表明，只有第一类地区表现出较明显的 σ 发散，说明第一类地区内各省市区间体育用品制造业创新能力差异没有缩小而在逐步扩大。

（4）绝对 β 收敛分析的结果表明，在全国范围内以及第三类地区内存在绝对 β 收敛，说明在假设经济基础与特征相同的情况下，各省市区的体育用品制造业创新能力增长速度呈现收敛趋势，随着时间的推移将会呈现一种稳态发展的水平。

（5）从条件 β 收敛分析结果来看，全国总体、第二类地区和第三类地区都存在条件 β 收敛。可见，政府支持和对外开放度为落后区域带来了资金和政策的优惠、先进的技术以及丰富的管理经验，落后区域在吸收先进技术和获得丰富的管理经验后会使体育用品制造业的创新能力增长速度得到提升，从而各个区域之间达到一个稳态发展的水平。

二、政策建议

根据以上结论，提出我国体育用品制造业创新能力提升的几点建议：

（1）充足的资金投入可以有效地促进地区创新能力的提高。资金的投入可以有外商直接投资以及政府投入，因此体育用品制造企业应该将更多的资金

投入到创新中去，通过加大企业内的 R&D 经费支出，吸引和培养创新型人才，积极研发自主专利，逐步把企业的盈利模式从劳动力驱动向创新驱动转型。确保 R&D 经费准确投入到企业创新中，保证创新活动有效进行，从而确保新产品的研发。与此同时，体育用品制造企业还要积极规划自身的发展道路，确保有足够的资金投入到产品创新和技术开发中，使企业在竞争日益激烈的国内和国际市场内有更强的竞争力。

（2）政府应该积极鼓励体育用品制造企业进行创新活动。从政策上看，政府可以通过资助企业进行创新活动、减免创新企业的税收等方式提高地区内体育用品制造业的创新能力。从资金投入上看，政府应该确保投入的资金准确落实到体育用品的创新上去，从而有效促进企业对新产品的研发。同时政府应该建立起有效的产学研合作机制，促进企业间、企业与高校间的合作，增强创新交流、加强技术外溢，提高地区内体育用品制造业的创新能力。

（3）优化金融体系，使其适应企业创新发展的需要。金融发展确实可以促进体育用品制造企业的技术创新，从而推进地区的经济发展。不同地区应该根据技术创新和经济发展的不同选择合适的金融模式，从而达到促进体育用品制造业创新能力的提升以及差距缩小的目的。要积极推动金融市场的多层次发展，针对不同的企业现状，为企业提供不同的发展环境，不仅要为大型的体育用品制造企业提供资金支持，更要为有创新能力的中小型企业创造发展空间。

第五章 我国体育用品制造业升级能力的地区差距及分布动态演进

第一节 我国体育用品制造业升级能力的地区差距及分解

我国体育产业作为朝阳产业、绿色产业，正成为实现经济高质量发展的一股新兴力量。截至2017年，全国体育产业总规模达2.2万亿元，其中体育用品及相关产品制造的总产出为13509.2亿元，占总产出的61.4%，增速达12.93%。作为占比最高的细分产业，体育用品制造业持续快速壮大，逐步发展为体育产业中最具活力和竞争力的支柱产业。一方面，我国体育用品制造业成功嵌入全球价值链，极大地促进了体育产业的蓬勃发展。我国已成为全球最大的体育用品制造基地，海关数据统计显示，2016年中国体育用品行业的进出口总额为170.23亿美元，外销比例高达74.77%。另一方面，由于我国长期承接海外体育制造业中低端环节的转移，受要素成本上涨、供求关系变化以及生态环境制约等影响，体育用品制造业面临着产品升级陷入滞缓、增速与经营效益趋于弱化等难题。与此同时，我国体育用品制造业呈现明显的差异化分布，绝大多数集中在长江三角洲、珠江三角洲、京津冀等主要经济区，仅广东、福建、江苏、浙江和上海五省市的体育用品制造业规模占比就高达全国总产量的85%以上①，区域发展失衡问题日益凸显。因此，客观认知我国体育用品制造业升级能力，有效提升区域产业升级能力，促进区域协调发展，是我国体育用品制造业突破全球价值链“低端锁定”，谋求更大发展空间的重要途径。

学术界对体育用品制造业升级展开了广泛的探索与研究。体育用品制造业升级是指在积累相对熟练的劳动力和技术的基础上，企业通过不断优化资金与人员配置，提高自主创新能力，促进产业技术进步和产业结构的提升，促使产业逐步向资本密集型或技术密集型转变。①在体育用品制造业升级路径研究方面，主要运用文献资料、逻辑分析等宏观描述性方法，研究较多立足于全球价值链视角（杨明和李留东，2008）。价值链升级是体育用品制造业升级的重要依托，产业升级方式有：一是在原有价值链环节实现深度嵌入；二是构建国内价值链以实现跨越式升级；三是利用“互联网+”推动全球价值链的解构与重塑。②在产业升级影响因素研究方面，多见于微观层面的考察。如邢中有（2015）通过问卷调查法对体育用品制造企业升级的内部条件和外部环境进行分析，葛超和宋晓明（2015）则对体育用品制造企业升级模式进行了探讨与总结。在宏观层面，谈艳等（2017）从研发创新水平、生产性服务业发展、外商投资规模和对外贸易对体育用品制造业转型升级进行实证分析。③在产业升级能力评价研究方面，潘子辉和陈颇（2018）采用因子分析和聚类分析法对各地区体育用品制造业转型升级综合能力进行定量分析，但缺乏有效的评价指标体系。

文献分析表明，学术界对体育用品制造业升级能力关注较少，且多以定性

---

①　首都体育学院与社会科学文献出版社合作出版的体育蓝皮书《中国体育产业发展报告（2014）》。

研究成果呈现，实证研究不足，对实践的解释力不够。另外，现有研究的区域划分以我国经济区域为主，如东部、中部和西部，关于我国主要经济区的研究较少。基于此，本章在分析产业升级相关理论的基础上，试图构建体育用品制造业升级能力的综合评价指标体系，基于熵值法测算 2007 ~ 2015 年各省市区体育用品制造业综合升级能力得分，并运用 Dagum 基尼系数及其分解和 Kernel 密度估计深入分析我国四个经济区（长三角、京津冀、泛珠三角和东北）的体育用品制造业升级能力区域内、区域间的空间差异及其分布动态演进特征，对促进我国体育用品制造业升级能力提升以及协调区域发展具有重要的理论价值和现实意义。

一、我国体育用品制造业升级能力的评价

（一）评价指标体系构建

一个地区的体育用品制造业升级能力是该产业整体发展与升级水平的综合体现。从产业动态发展的视角来看，体育用品制造业升级过程主要涉及三大方面：一是通过体育用品产业自身发展能力的培育与积累，不断地适应产业环境变化；二是通过企业的自我创新与研发，产生知识溢出效应，促进其产业向高科技和高附加值转变；三是以良好的外在环境为支撑，能够直接或间接地促进产业升级。本书借鉴已有的研究成果（马尚奎，2014；刘川，2015），将产业升级能力划分为产业升级产出能力、产业升级投入能力以及产业升级环境支撑能力三个一级指标，并结合研究体育用品制造业特征和升级特点，拟定体育用品制造业升级能力评价的 8 项二级指标和 25 项三级指标。具体指标如表 5 – 1 所示。

升级产出能力指标主要体现在产业成长能力、研发产出能力和产业经营能力上。通过选取产业总产值、主营业务收入、新产品产值增加额、产业利润增加值等指标，对样本期内体育用品制造业的升级效果进行量化。对于升级投入能力指标，本书旨在衡量各省份体育用品制造业目前所具备的各项要素投入能

表5-1　我国体育用品制造业升级能力评价指标体系

总指标	一级指标	二级指标	三级指标	指标特征
产业升级能力	产业升级产出能力 A_1	产业成长能力 B_1	产业总产值 C_1	阶段指标 2000~2015年 正向
			产业总产值年均增长率 C_2	
			主营业务收入 C_3	
		研发产出能力 B_2	区位熵 C_4	
			新产品产值增加额 C_5	
			专利授权数 C_6	
		产业经营能力 B_3	规模以上体育用品制造企业数 C_7	
			产业利润增加值 C_8	
			产业出口交货值 C_9	
			产业流动资产平均余额 C_{10}	
	产业升级投入能力 A_2	企业资金与人员投入 B_4	产业固定资产投资额 C_{11}	时点指标正向
			研发财力投入强度 C_{12}	
			研发人力投入强度 C_{13}	
			产业年末从业人数 C_{14}	
		体育设施与政府投入 B_5	拥有体育场馆数 C_{15}	
			人均体育场馆面积 C_{16}	
	产业升级环境支撑能力 A_3	产业发展经济环境 B_6	人均体育事业经费支出 C_{17}	
			地区人均 GDP C_{18}	
		产业发展运营环境 B_7	城镇居民消费水平 C_{19}	
			省级以上运动员拥有数 C_{20}	
		产业发展技术环境 B_8	体育社团组织数 C_{21}	
			电信业务总量 C_{22}	
			移动电话普及率 C_{23}	
			互联网上网人数 C_{24}	
			互联网普及率 C_{25}	

力，包括企业资金投入和产业人员投入。同时，考虑到我国体育产业由国有制基础上发展而来，产业资源仍由政府主导，故将体育设施投入、政府资金投入等因素纳入指标体系。升级环境支持能力指标作为外在环境因素，良好的产业发展环境是产业升级的重要依托，本书分别从产业发展经济环境、运营环境和

技术环境进行全面考察。

（二）数据来源和研究方法

本书体育用品制造业数据均来源于中国工业企业数据库，其他指标数据来源于各省市区统计年鉴、《科技统计年鉴》、《中国民政统计年鉴》、《中国第三产业统计年鉴》以及体育局普查资料等。在年份选择上，鉴于中国工业企业数据库的最新数据情况，故相关数据截至2015年。在研究地区选择上，基于相关数据的可获取性，剔除数据严重缺失的省市区，如陕西、云南、贵州、甘肃、青海、宁夏、新疆、西藏、内蒙古、云南、海南以及港澳台，实际研究样本范围包括22个省市区。

1. 标准化处理

为了消除各指标不同量纲可能导致的偏差，采用极值法对中国22个省市区2007～2015年的25项指标的原始数据进行处理。公式如下：

$$X_{ij}=\frac{x_i-\min x_i}{\max x_i-\min x_i} \tag{5-1}$$

其中，X_{ij}为无量纲化处理后的新数据；x_i为指标原始数据；$\min x_i$为最小值；$\max x_i$为最大值。

2. 指标权重处理

考虑到各指标赋权过程中的不确定性与主观性，本书采用熵值法来核定各指标的权重系数，具体步骤如下：

（1）计算指标X_{ij}的比重（P_{ij}）。$P_{ij}=X_{ij}/\sum_{i=1}^{m}X_{ij}$。

（2）计算第i年第j项的熵值（E_j）。$E_j=-k\cdot\sum_{i=1}^{m}P_{ij}\cdot\ln P_{ij}$，令$K=\frac{1}{\ln m}$，则$0\leqslant E_j\leqslant 1$。

（3）计算第j项指标的差异性系数（g_i）。$g_i=1-E_j$。

（4）计算各指标的权重（W_j）。$W_j = \frac{g_i}{\sum_{j=1}^{n} g_i}$。

3. Dagum 基尼系数及其分解法

基尼系数是用来测度区域收入差异的指标，此处采用 Dagum 基尼系数及其分解（Qagum C，1997）来考察我国体育用品制造业升级能力的差异性，其表达式为：

$$G = \frac{\sum_{j=1}^{k}\sum_{h=1}^{k}\sum_{i}^{n_j}\sum_{r}^{n_h} | y_{ji} - y_{hr} |}{2N^2u} \tag{5-2}$$

其中，G 为基尼系数；$| y_{ji} - y_{hr} |$ 为不同区域 j（h）产业升级能力差异的绝对值，j（h）=1，2，3，…，N；N 为研究单元省市区个数，即 N = 22；n_j（n_h）为 j（h）地区内包含的省市区数目；u 表示所有省市区体育用品制造业升级能力的均值；K 为所划分的区域总数，本书对我国四个主要经济区进行划分，即 K = 4。① 在计算基尼系数之前，先要根据各经济区体育用品制造业升级能力的均值进行排序，如式（5－3）所示。

$$\overline{Y_h} \leqslant \cdots \overline{Y_i} \leqslant \cdots \overline{Y_k} \tag{5-3}$$

根据 Dagum 基尼系数的分解思路，基尼系数（G）可分解为区域间净值差异贡献（G_{nb}）、区域内差异贡献（G_w）和超变密度贡献（G_t），三者满足 $G = G_w + G_{nb} + G_t$。地区间差距的贡献程度（G_{nb}），即 j 和 h 地区之间该产业升级能力的差异程度；地区内差距的贡献程度（G_w），即地区内该产业升级能力的差异程度；超变密度的贡献程度 G_t，即地区之间该产业升级能力交叉影响的剩余项。具体公式为：

① 本书研究的四个主要经济区为长江三角洲、京津冀、泛珠江三角洲和东北四个经济区。长三角经济区包括上海、江苏、浙江和安徽 4 个省市；京津冀经济区包括北京、天津、河北 3 个省市；泛珠江三角经济区包括广东、福建、江西、广西、湖南、四川和贵州 7 个省区，其中海南、云南以及香港、澳门特别行政区因数据严重缺失，故不计入。

$$G_w = \sum_{j=1}^{k} G_{jj} p_j s_j \tag{5-4}$$

$$G_{jj} = \frac{\sum_{i=1}^{n_j} \sum_{r=1}^{n_j} | y_{ji} - y_{jr} |}{2n_j^2 u_j} \tag{5-5}$$

$$G_{jh} = \frac{\sum_{i=1}^{n_j} \sum_{r=1}^{n_h} | y_{ji} - y_{hr} |}{n_j n_h (u_j + u_h)} \tag{5-6}$$

$$G_{nb} = \sum_{j=2}^{k} \sum_{h=1}^{j-1} G_{jh} (p_i s_h + p_k s_j) D_{jh} \tag{5-7}$$

$$G_t = \sum_{j=2}^{k} \sum_{h=1}^{j-1} G_{jh} (p_j s_h + p_h s_j)(1 - D_{jh}) \tag{5-8}$$

其中，$p_j = n_j/N$；$s_j = n_j u_j/Nu$；G_{jj}、G_{jh}分别为 j 地区内基尼系数和 j、h 地区间基尼系数。D_{jh}为 j 和 h 两经济区之间体育用品制造业升级能力的相对影响，如式（5-9）所示。F_j（F_h）为 j（h）地区的累积密度分布函数，d_{jh}为 j、h 两经济区间体育用品制造业升级能力贡献率的差值，即 j、h 地区中所有 $y_{ji} - y_{hr} > 0$ 的样本值加总的数学期望。同理，p_{jh}为 j、h 地区中所有 $y_{hr} - y_{ji} > 0$ 的样本值加总的数学期望。

$$D_{jh} = \frac{d_{jh} - p_{jh}}{d_{jh} + p_{jh}} \tag{5-9}$$

$$d_{jh} = \int_0^{\infty} dF_j(y) \int_0^{y} (y - x) dF_h(x) \tag{5-10}$$

$$p_{jh} = \int_0^{\infty} dF_h(y) \int_0^{y} (y - x) dF_j(x) \tag{5-11}$$

4. Kernel 密度估计

Kernel 密度估计是一种常见的非参数估计方法，能够有效地估计未知密度函数的随机变量概率分布。因此，本书采用 Kernel 密度估计来考察 2007 ~ 2015 年我国四个主要经济区体育用品制造业升级能力分布动态的演变趋势，

其基本原理是：假设随机变量 x 为体育用品制造业升级能力得分，其密度函数为 f(x)，那么在点 x 处的概率密度可由式（5－12）进行估计。

$$f(x) = \frac{1}{nh}\sum_{i=1}^{n} K[(x_i - x)/h] \tag{5-12}$$

$$K = \frac{1}{\sqrt{2\pi}}\exp\{-x^2/2\} \tag{5-13}$$

其中，n 为观测值的个数；h 为带宽；x_i 为观测值；x 为均值；函数 K（·）为核函数，本质上就是权重函数。比较常见的核函数有三种，分别为均匀核（Uniform）、三角核（Triangular）和高斯核（Gaussian）。目前研究中采用高斯核估计较多，本书亦选择高斯核函数对长江三角洲、京津冀、泛珠江三角洲和东北四个经济区的体育用品制造业升级能力的分布动态演进情况进行估计。高斯核函数表达式如式（5－13）所示。

（三）体育用品制造业升级能力测算及评价

鉴于数据的可获得性和完整性，相关指标选取了 2007～2015 年进行研究。根据表 5－1 构建的体育用品制造业升级能力评价指标体系，本书运用熵值法对各项指标赋权，并对其进行加权求和，分别得出 2007～2015 年中国大陆 22 个省市区体育用品制造业升级能力的得分及相应排序。为考察各省市区排名变化情况，本书特选取 2007、2011 和 2015 年的评价结果进行分析，如表 5－2 所示。

表 5－2　2007、2011 和 2015 年我国体育用品制造业升级整体能力得分及排名变化

省市区	2007 年	排名	2011 年	排名	2015 年	排名	2007～2015 年
广东	0.7054	1	0.7869	1	0.8250	1	0→
江苏	0.4552	4	0.5801	2	0.6758	2	2↑
山东	0.4287	5	0.5491	3	0.5837	3	2↑
浙江	0.5147	2	0.5193	4	0.5820	4	2↓
福建	0.4125	6	0.4015	5	0.3942	5	1↑
上海	0.5036	3	0.3711	6	0.3257	6	3↓

续表

省市区	2007 年	排名	2011 年	排名	2015 年	排名	2007～2015 年
北京	0.3115	7	0.2995	7	0.2890	7	0→
天津	0.2394	8	0.2350	8	0.2020	8	0→
江西	0.1470	12	0.1800	10	0.1938	9	3↑
河南	0.1324	14	0.1366	12	0.1804	10	4↑
河北	0.1579	11	0.1584	11	0.1762	11	0→
辽宁	0.1990	9	0.2061	9	0.1627	12	3↓
安徽	0.1042	17	0.1270	16	0.1515	13	4↑
湖南	0.1030	18	0.1281	15	0.1317	14	4↑
湖北	0.0930	19	0.1361	13	0.1247	15	4↑
四川	0.1377	13	0.1296	14	0.0926	16	3↓
重庆市	0.0487	21	0.0675	20	0.0896	17	4↑
山西	0.1728	10	0.1024	18	0.0778	18	8↓
广西	0.0553	20	0.0646	21	0.0760	19	1↑
吉林	0.1215	15	0.1224	17	0.0618	20	5↓
黑龙江	0.1173	16	0.0841	19	0.0603	21	5↓
贵州	0.0365	22	0.0379	22	0.0334	22	0→
全国	0.2362		0.2465		0.2495		

由表 5－2 可见，我国体育用品制造业升级能力分布形成了东强西弱、南强北弱的格局。2007～2015 年，体育用品制造业升级能力排名较高的省市区几乎全部分布在我国的华东和华南地区，如广东、山东、江苏、浙江和福建等，始终位居全国前列，产业升级能力强，保持着良好的发展态势。中部六省近年着力承接沿海地区的制造业转移，各省整体排名上升较快，体育用品制造业升级能力提升明显。其中，河南、安徽、湖南、湖北四省的体育用品制造业升级能力快速提升，全国排名均上升 4 个位次。而东北地区与西部地区各省产业升级能力则相对较弱，与其他地区相比存在明显的差距，尤其是东北地区的体育用品制造业升级能力呈现出较为明显的下降趋势。

如图 5－1 所示，全国体育用品制造业综合升级能力处于小幅波动之中，总体表征为上升。在样本考察期内，其均值由 2007 年的 0.2362，波动上升至

2015年的0.2495，整体增幅不大，可见我国体育用品制造业升级略显乏力。从各经济区的表现来看，长三角经济区体育用品制造业升级能力始终高于全国平均水平；京津冀和东北经济区的产业升级能力均低于全国平均水平且出现不同程度的衰退趋势；泛珠江三角洲经济区的产业升级能力接近全国平均水平，处于小幅波动的稳定态势。值得注意的是，自2011年起，长三角经济区的产业升级能力逐步上升，京津冀和东北经济区则反之，各经济区之间的差距不断扩大。这表明，我国四个主要经济区的体育用品制造业升级能力存在明显的非均衡特征。

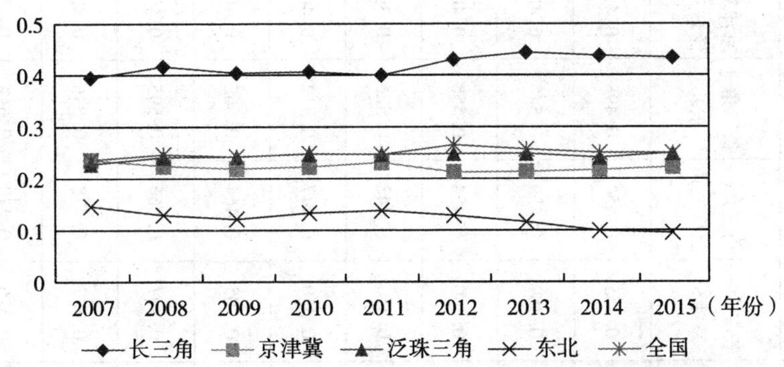

图5－1　全国与四大经济区体育用品制造业升级能力演变趋势

二、我国体育用品制造业升级能力的地区差距及来源

鉴于我国体育用品制造业升级能力的地区分布情况，特选取长三角经济区、京津冀经济区、泛珠三角经济区和东北经济区为研究对象。本部分通过Dagum基尼系数及其分解法来测度2007～2015年长三角经济区、京津冀经济区、泛珠三角经济区和东北经济区内部，长三角与京津冀、泛珠三角和东北，京津冀与泛珠三角和东北，泛珠三角与东北之间的基尼系数及其贡献度，结果如表5－3所示。

表 5－3　基尼系数及分解结果

年份	G	地区内基尼系数 Gw				地区间基尼系数 Gnb						贡献率（%）		
	总体	长三角	京津冀	泛珠三角	东北	长三角—京津冀	长三角—泛珠三角	长三角—东北	京津冀—泛珠三角	京津冀—东北	泛珠三角—东北	地区内	地区间	超变密度
2007	0. 414	0. 249	0. 144	0. 554	0. 124	0. 355	0. 454	0. 498	0. 414	0. 260	0. 434	27. 07	56. 40	16. 53
2008	0. 418	0. 241	0. 147	0. 496	0. 136	0. 389	0. 459	0. 548	0. 407	0. 277	0. 457	25. 27	59. 93	14. 80
2009	0. 418	0. 237	0. 134	0. 548	0. 157	0. 380	0. 454	0. 558	0. 402	0. 295	0. 476	26. 95	59. 45	13. 60
2010	0. 405	0. 225	0. 124	0. 486	0. 159	0. 366	0. 443	0. 526	0. 395	0. 266	0. 456	25. 77	62. 23	12. 00
2011	0. 408	0. 236	0. 136	0. 491	0. 197	0. 350	0. 447	0. 512	0. 405	0. 282	0. 458	25. 98	63. 82	10. 20
2012	0. 426	0. 252	0. 127	0. 494	0. 217	0. 405	0. 464	0. 563	0. 406	0. 282	0. 472	25. 38	64. 92	9. 70
2013	0. 433	0. 257	0. 121	0. 497	0. 220	0. 397	0. 466	0. 595	0. 407	0. 307	0. 491	25. 17	63. 15	11. 68
2014	0. 448	0. 260	0. 115	0. 510	0. 233	0. 387	0. 478	0. 636	0. 423	0. 375	0. 532	24. 74	61. 94	13. 32
2015	0. 448	0. 264	0. 113	0. 535	0. 240	0. 376	0. 470	0. 644	0. 415	0. 402	0. 552	25. 82	60. 75	13. 43

1. 升级能力的总体地区差距

由表 5－3 可以看出，2007～2015 年我国四个主要经济区的体育用品制造业升级能力的总体基尼系数在小幅波动中不断增大。2007～2009 年实现上升，2010 年虽轻微下降至 0.405，之后便持续上涨，2015 年达到 0.448。整体来看，样本期间我国体育用品综合升级能力的总体差距不断扩大。根据基尼系数的定义①，当尼基系数大于 0.4 时，表示不均衡程度高，差距较大。值得注意的是，总体尼基系数在各年份均超过 0.4，表明我国体育用品制造业升级能力的不均衡程度仍较高。

2. 升级能力的地区内差距

各经济区体育用品制造业升级能力的地区内差距演变趋势如图 5－2 所示。从地区内基尼系数来看，四大经济区体育用品制造业的地区差距从大到小依次为泛珠三角、长三角、东北和京津冀。从各自经济区的演变趋势来看，2007～2010 年，泛珠三角、长三角和东北的基尼系数虽然变化各异，但自 2010 年起，三者的基尼系数呈现出不同程度的上升趋势。其中，东北经济区上升最为明显，涨幅达 10.15%，长三角和泛珠三角经济区涨幅分别为 3.43% 和 2.02%。基尼系数的上升表明这三大经济区内部的体育用品制造业升级能力不均衡程度正逐渐扩大。与之相反，京津冀经济区的基尼系数呈波动下降趋势，从 2007 年的 0.144 下降至 2015 年的 0.113，年均降幅为 2.69%，导致其在 2009 年后成为四大经济区中体育用品制造业升级能力地区内差距最小的经济区。

---

① 联合国开发计划署等组织规定，若基尼系数低于 0.2 表示不均衡程度极低，高度平均；0.2～0.29 表示不均衡程度低，比较平均；0.3～0.39 表示不均衡程度中，相对合理；0.4～0.59 表示不均衡程度高，差距较大；0.6 以上表示不均衡程度极高，差距悬殊。

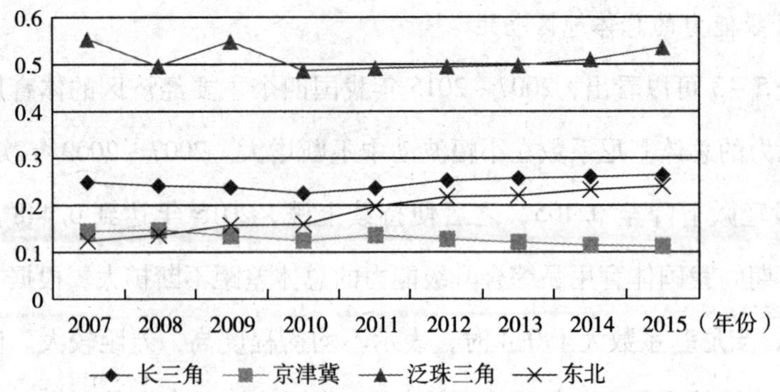

图5－2 各经济区体育用品制造业升级能力的地区内差距演变

3. 升级能力的地区间差距

图5－3反映了各经济区体育用品制造业升级能力的地区间差距演变情况。从差异大小来看，长三角—东北经济区之间的体育用品制造业升级能力差距最大，平均基尼系数为0.5646；长三角—泛珠三角经济区间的差距次之，平均基尼系数为0.4594；京津冀—东北经济区间的差距最小，平均基尼系数为0.3050，且最大的长三角—东北经济区是最小的京津冀—东北经济区平均数值的1.8倍。从演变趋势来看，长三角经济区、泛珠三角经济区、京津冀经济区与泛珠三角经济区之间的差距均在波动中呈扩大的态势，年均增长率分别为3.25%、3.01%、6.04%；长三角与泛珠三角经济区、京津冀与泛珠三角经济区间的差距变化较为稳定，一直处于小幅波动状态，分别在0.45和0.41上下波动。而长三角与京津冀经济区之间的基尼系数则呈现出“上升—下降—大幅上升—小幅下降”的态势，较2007年数值变化不大。

4. 升级能力地区差距来源贡献

图5－4反映了我国体育用品制造业升级能力的差异贡献率演变情况。可以看出，2007～2015年升级能力的地区间差距贡献率均值为61.40%，地区内差距贡献率均值（25.79%）次之，超变密度贡献率均值（12.81%）最小。这

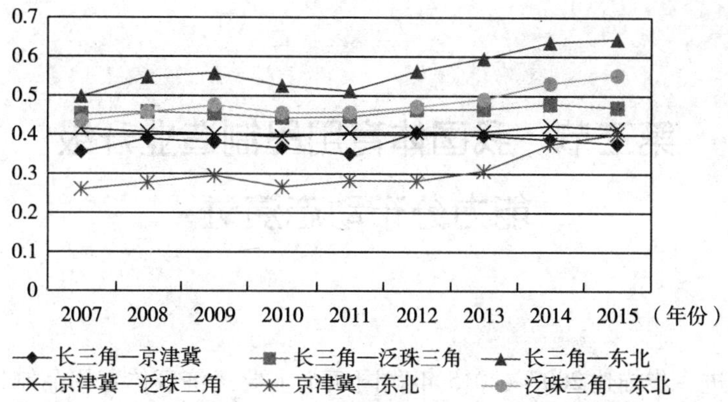

图 5－3　各经济区体育用品制造业升级能力的地区间差距演变

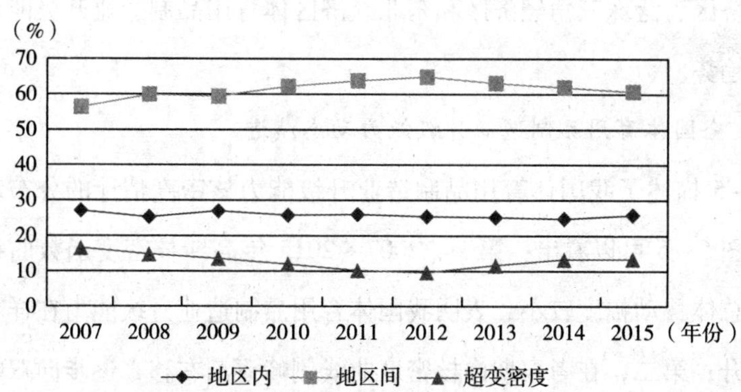

图 5－4　各经济区体育用品制造业升级能力的差异贡献率演变

表明我国体育用品制造业升级能力的总体差异主要来源于地区间差距，区域内差距贡献大于超变密度贡献。在样本考察期内，区域内贡献和超变密度贡献基本呈现平稳状态。其中，超变密度体现了四个主要经济区间因交叉项统计对总体升级能力差距的影响。2007～2015 年地区间贡献呈现小幅波动趋势，总体上有轻微上涨，表明地区间的相互影响逐渐加强。

第二节　我国体育用品制造业升级能力分布动态演进

为了进一步描述2007～2015年我国四个主要经济区体育用品制造业升级能力的动态演化格局，本书分别以2007年、2010年、2013年及2015年为测度对象，选取高斯核密度函数分别刻画出全国22个省市区、长三角经济区、京津冀经济区、泛珠三角经济区和东北经济区体育用品制造业升级能力的分布动态演变趋势。

（一）全国体育用品制造业升级能力动态演进

图5－5描述了我国体育用品制造业升级能力核密度估计的分布动态演变趋势。由图5－5可以看出：第一，2007～2015年高斯核密度函数曲线整体向右移动，总体移动幅度较小，表明我国体育用品制造业升级能力在样本考察期内略有提升；第二，在考察期内核密度曲线侧峰逐渐右移，逐步向双峰形态演化，表明大部分省份的体育用品制造业升级能力仍集中分布在中低密度区间，少数省份集中分布在高密度区间，具有两极化发展的分布趋势。

（二）长三角经济区体育用品制造业升级能力动态演进

在样本考察期内长三角经济区体育用品制造业升级能力的动态演变趋势如图5－6所示。从曲线位置看，核密度曲线右端的右移幅度十分明显，表明长三角经济区内体育用品制造业升级能力较强的省份整体上保持着增长态势。从曲线峰度上看，2007～2015年核密度曲线逐渐变得扁平，呈现出由尖峰形态向宽峰形态逐步转变的态势，表征着长三角经济区体育用品制造业升级能力差距不断拉大。从曲线形状上看，由2007年的双峰形态向2015年的单峰形态演

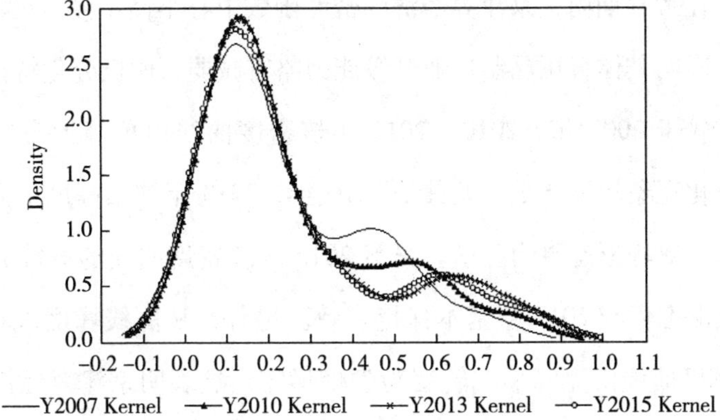

图 5－5　2007～2015 年我国体育用品制造业升级能力动态演进

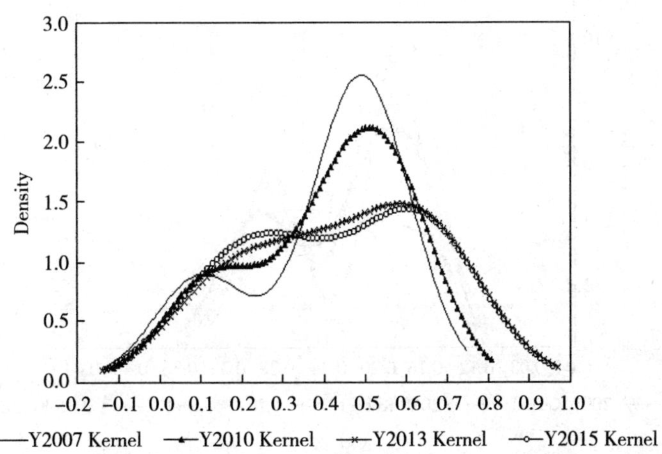

图 5－6　长三角经济区升级能力动态演进

化，表明升级能力较低的省份正逐步提升，梯度差异逐渐消失。总的来说，2015 年以后长三角地区两极分化现象可能会有所减缓，产业升级能力的分布格局更为稳定。

（三）京津冀经济区体育用品制造业升级能力动态演进

京津冀经济区体育用品制造业升级能力的动态演变趋势如图 5－7 所示。

整体来看，在考察期内，京津冀经济区密度函数中心小幅左移，双峰形态始终保持不变，表明其体育用品制造业升级能力略有减弱，两极分化特征明显。具体来看，相较于 2007 年，2010～2015 年核密度曲线由单峰形态转为双峰形态，两极分化现象较为严重。尤其是 2010 年、2013 年波峰高度上升，波峰宽度明显变窄，双峰形态更为显著。虽然 2015 年核密度曲线的波峰高度有所下降，但曲线形态仍与 2013 年基本保持一致。另外，从曲线峰度来看，2007～2015 年核密度曲线由宽峰形态转变为尖峰形态，这表明京津冀经济区体育用品制造业升级能力的地区差距正不断缩小。

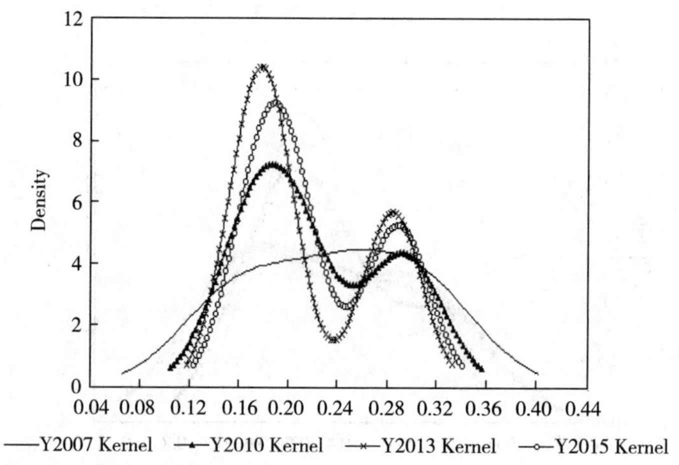

图 5－7　京津冀经济区升级能力动态演进

（四）泛珠三角经济区体育用品制造业升级能力动态演进

泛珠三角经济区体育用品制造业升级能力的动态演变趋势如图 5－8 所示。从图 5－8 可以看出，2007～2015 年，泛珠三角经济区的核密度曲线形态并未发生显著变化，其产业升级能力的空间布局较为稳定。首先，从曲线位置看，核密度曲线整体以及曲线左端并未发生明显移动，而曲线右端的右移幅度较为明

显，说明升级能力较高的省份整体增长明显。其次，从曲线峰度上看，2007～2015 年核密度曲线的波峰宽度变大，说明泛珠三角经济区体育用品制造业升级能力的地区差距正不断扩大。最后，从曲线形状上看，2007～2015 年核密度曲线均保持多峰形态，表明泛珠三角经济区体育用品制造业升级能力呈现出多极化现象，中低升级能力省份之间的差异虽有缩减，但仍存在明显的梯度差异。

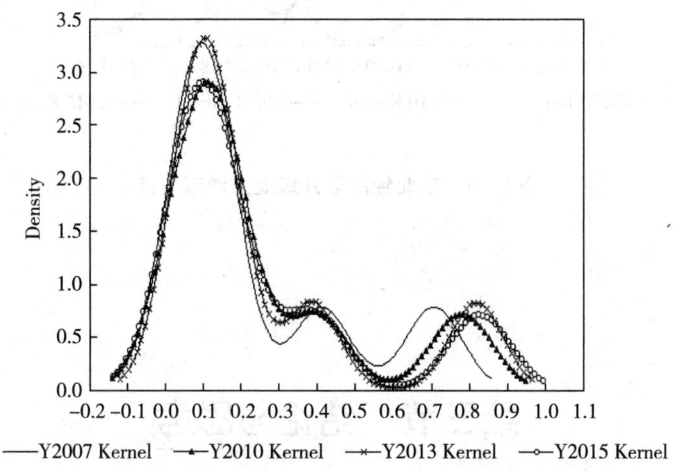

图 5－8　泛珠三角经济区升级能力动态演进

（五）东北经济区体育用品制造业升级能力动态演进

东北经济区体育用品制造业升级能力的动态演变趋势如图 5－9 所示。从整体来看，东北经济区的 Kernel 密度函数中心发生明显的左移，表明该经济区的体育用品制造业升级能力得分在考察期内显著减弱。另外，在考察期内核密度曲线均为双峰形态，两极分化现象严重。2007～2015 年波峰高度逐渐下降，波峰宽度加大，2015 年核密度波峰峰值回升，波峰宽度缩小，表明西部地区体育用品制造业升级能力的地区差距经历了“扩大—缩小”的变化，且两极分化现象越来越明显。

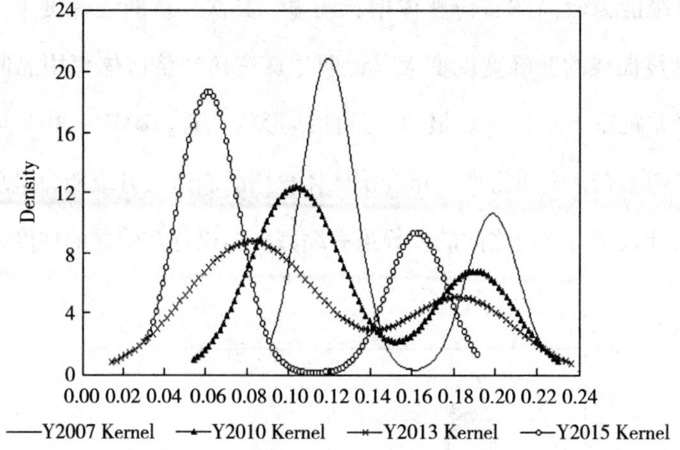

图 5－9　东北经济区升级能力动态演进

第三节　结论与思考

（一）结论

主要结论如下：

（1）2007～2015 年，体育用品制造业升级能力分布呈现东强西弱、南强北弱的格局。长三角经济区体育用品制造业升级能力始终高于全国平均水平，京津冀和东北经济区的产业升级能力均低于全国平均水平且出现不同程度的衰退趋势，泛珠江三角洲经济区的产业升级能力接近全国平均水平，各经济区存在明显的非均衡特征。

（2）基尼系数测算结果显示：在样本考察期内，我国四个主要经济区的体育用品制造业升级能力总体基尼系数在小幅波动中不断增大，但区域内差异

有所不同。地区内差距从大到小依次为泛珠三角、长三角、东北和京津冀经济区。长三角、泛珠三角、京津冀与东北之间的差距均在波动中呈扩大的态势。地区间差距是总体差距的第一来源，地区内差距贡献次之，超变密度的贡献率最小。

（3）Kernel 密度函数估计显示：我国体育用品制造业升级能力在样本考察期内略有小幅提升，开始呈现出两极化发展的分布趋势。2007～2015 年，长三角经济区由双峰向单峰形态转变，两极分化现象有所减缓；而京津冀经济区则反之，两极分化现象加重。泛珠三角与东北经济区始终呈现双峰、多峰形态，表明具有两极分化和多极化趋势。

（二）思考

我国各地区体育用品制造业升级能力的差异并非一朝一夕所形成，它必然是经过长期演变积累的结果，更需要政府、学术界的持续关注。基于上述研究结论，本书展开以下思考与讨论：

（1）根据实证结果可知，地区间差异是我国体育用品制造业升级能力总体差异的主要来源。今后从国家宏观层面以及省域层面协调体育用品业制造的发展时，不仅要考虑其内部升级能力水平的差异性，更要关注区际间差异。对于发达经济区，应充分发挥体育用品制造业升级能力强、资本和人力资源优势及其“溢出”带动作用，加强各区域间分工合作与交流，促进发达地区与落后地区协调发展，实现利益最大化。对于后发地区，政府应加大对体育制造业的研发经费投入，建立健全科学、完善的人才培育模式。此外，鼓励市场给予体育用品制造企业更多的持续性资本支持，壮大科技资本、产业资本规模，形成合力为其转型升级提供物质保障，逐步缩减各个经济区之间的差异。

（2）体育用品制造业升级能力的提升并非仅取决于产业投入水平的高低，更受其产业资源配置和利用效率影响，如京津冀经济区、东北经济区的产业升级能力呈现出明显两极分化趋势，泛珠三角经济区出现多极化现象。因而，在各省市区制定体育用品制造业产业的区域规划时，更应充分考虑地区内产业升级要素配置的均衡性以及投入产出效率。

（3）本书为提升我国体育用品制造业升级能力以及协调区域发展提供了理论参考，但并未对体育用品制造业升级能力差异的成因及影响进行深入研究。如体育用品制造业升级能力差距过大可能会引致极化效应，促使产业资源更多地流向发达地区，而资源的过度集中会造成低水平、低效率的重复建设，制约该地区升级能力的提升，这一系列的问题仍有待于进一步探讨。同时，因数据的可获得性，本书以省市区为研究单位，仅探讨了宏观层面的情况，对微观研究不足。另外，由于西部地区省市区数据缺失严重，难以收集齐全，故无法对西部地区进行全面系统的考察。

第六章　我国体育用品制造业转型升级的影响因素及提升策略

第一节　我国体育用品制造业的全球价值链分工

体育用品制造业在过去的 20 年发生了日新月异的变化，从国际分工的体系中就能看出，全球化的生产为体育用品制造业实现技术进步和最终实现价值链地位提供了途径。全球价值链（GVCS）是指“将产品或服务由概念设计转化为最终使用状态的全部过程，包括设计、生产、市场营销、分销以及用户服务等环节，这些环节可以在单个公司内或多个公司间实现”（Poter，1985）。Daudin 等（2011）研究发现生产者将中间产品转移至发展中国家进行生产会提高该产品出口的增加值。唐海燕（2009）提出人力资本中劳动力质量的提高对价值量中的地位提高有一定作用。而张奎亮（2010）认为要素禀赋对国际分工影响很大，并且资本积累的影响是潜移默化的。杨高举和黄先海（2013）通过对高科技企业进行研究发现禀赋作用和科技创新对国际分工地位的提升起到了促进作用。另外一些研究表明，除了禀赋对价值链分工有影响以外，制度对价值链分工地位的影响也受到了关注。如 Aderson 和 Marcouiller

（1999）讨论了不同制度环境会对贸易产生不一样的影响，制度好的国家价格就会处于一个正常的水平，而贪污腐败的国度，则会出现一个价格的加成，影响交易成本，进而妨碍正常贸易。李国学和张宇燕（2010）认为一个完善的制度和技术标准的兼容性对制造业的转型升级，以及提升其在价值链分工中的地位有着推进作用。胡昭玲等（2013）认为一个国家的技术创新水平、物质资本积累、制度环境都对该国价值链地位有着深远的影响。

一、价值链的分工

从国际分工度量来看，也有不少学者对此进行了研究。Koopman（2010）从产品中间供应者的角度切入，计算了直接和间接出口时的国外增加值，并提供了如何衡量测算国际分工地位的方法。姚正海和张海燕（2013）通过分析投入产出表，从国际分工的地位入手，得出了我国处于全球价值链的低端，资本技术密集型企业的地位处于劣势。综合以上研究，从禀赋、制度再到国际分工，可以看出研究价值链分工的地位逐渐从粗放的研究到后来的精细研究，有了很大的进展，并且大部分都是如何测算价值链地位的具体指标，对价值链的地位的影响因素也主要集中在禀赋和制度方面。因此，对体育用品制造业的研究仍存在较多空间，本书不仅从传统的禀赋和制度入手，还引入了地理位置和创新等角度对全球价值链中地位的影响进行分析，并收集数据对其进行实证检验。

二、禀赋、地理因素的作用

我们筛选了九个国家，分别为美国、英国、法国、荷兰、韩国、西班牙、中国、巴基斯坦、马来西亚。从发达程度来看，英国、美国、法国为一个阶层，荷兰、韩国这种新兴的经济体为一个阶层，中国、巴基斯坦、马来西亚这三个以劳动密集型出名的国家分为一个阶层。从要素禀赋角度看，以人均 GDP

作为衡量物质资本的指标，以高技能劳动力比例作为衡量劳动力资本的指标。美国作为国际分工中处于上层的国家，其人均 GDP 在 2007 年和 2017 年均位于九个国家之首。2007 年，法国的高技能劳动比例高达 89.6%，成为九个国家之最，同时在 2017 年仍然以 83.8% 的比例拔得头筹。在新兴经济体中，韩国的人均 GDP 则处于相对弱势，并且它的高技能劳动力也在九个国家中处于靠后的位置。中国的人均 GDP 在 2007 年达到 6847 美元，和巴基斯坦及马来西亚比较发现，其在劳动力密集型的国家中处于领先态势，高技能劳动力比例 80% 也超过了巴基斯坦和马来西亚。在 2017 年，中国的高技能劳动力比例也高于巴基斯坦和马来西亚的高技能劳动力比例。由此可见，要素禀赋在不同的国家之间存在着不一样的差异。像美国这种处于价值链的高端水平的国家，不仅在国际分工处于较高的层次，而且在物质资本和劳动力资本上有着更为突出的优势。充裕的资本要素更有利于发达国家成为体育用品制造业的供应方，而劳动力资源充足的国家成为加工和生产的主要场所，因为劳动力的成本因素，商家更偏好于寻找廉价劳动力以节约成本，于是便有了生产加工的外包转移。因此，具有较多高技能劳动力及高创新水平的国家便会让以资本技术为主的企业进一步发展，而后产生集聚。

与此同时，我们观察到地理因素的不同也会对体育用品制造业的国际分工产生影响。如果生产与加工以及销售的地方比较近，便可以节约很大一部分的成本，诸如交通运输时消耗掉的运输费用，当然也可以节约在运输时所消耗的时间成本。在地理因素中，我们最早考虑的是国家是否靠近海岸，一般而言靠近海岸的地区，其经济实力会略强于内地。因为沿海地区得天独厚的地理条件为发展对外贸易起到了积极的作用。早在 17 世纪，被称为“海上马车夫”的荷兰，在资本主义发展的初期就已经获利不少，随着贸易的往来越来越频繁，并且当时的贸易主要是依靠海运，近水楼台先得月，荷兰靠着濒临大西洋的地理位置，极力发展造船业，将货物更为便利地运输流通，从中攫取了第一桶金。随着时间的推移与科学技术的进步，货物的运输方式逐渐有了新的改进，由最初的火车再到后来的高铁，以及随着航空航天事业发展，货运飞机也成为了运送货物的一种极为方便的交通工具。飞机的出现有效缓解了由于大海的阻隔而产生货物转运以及工业代加工困难的问题。在没有空运的时代，轮船成为跨过地理界限的主要运送货物工具，因此谁拥有一支庞大的舰队，便对海上的贸易有着垄断的权力。由于飞机运输货物极大缩短了跨海的人流量运送时间，因此一个国家的铁路线总长度和飞机航空货物运输量也成为了不得不考虑的地理因素。此外语言也是一个重要因素，因为语言是否互通可以直接影响交流，进而影响国家与国家之间的合作，以及体育用品制造业的加工外包等各个环节。

综合上述分析，本书得出以下结论：物质资本、劳动力资本、地理因素、制度因素对国际体育用品制造业有着明显的影响。在经济全球化的今天，世界各国已经连成一个有机能动的整体，不同国家都有能力且已经参与到国际分工的各个方面。从国际体育用品制造业来看，虽然有物质资本和劳动资本禀赋处于全球领先地位的发达国家处于全球价值链国际分工的领军位置，并且引领着发展的方向，但是新兴经济体国家和发展中国家也逐渐参与到国际分工中来，而且发展中国家的禀赋所带来的对价值链地位上升的推动作用表现出显而易见的效果，但是制度环境的影响效果并不突出。

引入地理环境影响因素之后，我们发现即使经济全球化世界多极化，在考虑国际分工的影响因素时，也不能忽略是否相邻、是否靠海、语言是否互通等情况，禀赋对体育用品制造业的作用和地理环境因素所带来的影响力是相辅相成的。一个国家创新能力的高低对该国体育用品制造业转型升级的推动效果不容小觑，而一个适合体育用品制造业的制度环境更是能起到锦上添花的效果。

对于体育用品制造业的建议有以下几点：①从禀赋的角度来看，国家应该加大国际的开放力度，吸引并引导外资投资，从而提高物质资本存量；政府应加大投入力度，进而推动体育用品制造业的生产力，促进国际间的合作与交

流，然后提升体育用品制造业在价值链中的地位。其中发展中国家更应提升其地位，改变其禀赋要素结构，从劳动密集型的国家转变为技术创新型国家。②对于技术密集型产业来说，科技水平是衡量其能力的重要指标，通过不断的研发创新从而使企业更上一个台阶。由于企业内高端人才不足，有必要加大投入以引进高技术水平人员，对于知识产权要加大保护力度，因为对知识产权的保护有利于减小对创新与科技研发的后顾之忧。总之，只有从各个影响因素出发采取行动，体育用品制造业在价值链中的地位才能逐步上升。

第二节 我国体育用品制造业转型升级的影响因素

一、体育用品制造业转型升级影响因素的实证研究

（一）数据来源与变量说明

1. 数据来源

本书的研究数据来源于2008～2018年各省市区统计年鉴、《科技统计年鉴》、《中国工业经济数据库》以及体育局普查资料等。基于部分省市区和地区的相关统计数据严重缺失，故剔除甘肃、青海、宁夏、新疆、西藏、内蒙古、海南以及港澳台，实际研究样本范围包括24个省市区，样本考察期为2007～2017年，观测值共264个。

2. 变量说明

由于我国没有专门针对体育用品和相关产品制造业的统计年鉴，故本书采用文教体育用品制造业的相关数据进行替代。考虑数据的可获得性，本书选取以下指标进行研究（见表6-1）。

表 6-1 模型变量选取与解释

变量类型	变量符号	指标	含义
被解释变量	Va	附加值水平	利润总额/销售收入
解释变量	R&D	研发投入水平	R&D 经费内部支出/主营业务收入
	Hr	人力资本水平	平均受教育年限数
	Wage	劳动力成本	城镇单位就业人员平均工资
	Fdi	外商投资	外商投资总额/地区生产总值
	Ex	出口倾向	出口交货值/销售总收入
	Gov	政府参与经济	财政支出/地区生产总值

（1）解释变量：附加值水平（Va）。附加值水平的高低体现了该产业在价值链中的地位。我国体育用品制造业目前仍处于劳动密集型生产方式，实现更高的附加值和利润率是其转型升级的重要诉求之一。目前，学术界衡量附加值水平的直接指标主要有工业增加值率、增值税额、销售利润率等。其中，销售利润率越高，表明盈利水平、附加值水平越高，产业转型升级的效果越好。因此，本书采用文教体育用品制造业规模以上工业企业的销售利润率作为衡量附加值水平的指标。

（2）被解释变量：①研发投入强度（R&D）。该指标旨在衡量体育用品制造业的技术创新投入程度，用 R&D 经费内部支出与主营业务收入的比重表示。理论上来说，企业的研发经费投入越多，技术创新能力则越强，技术创新是驱动产业转型升级的重要力量。②人力资本水平（Hr）。用各省区的平均受教育年限数[①]衡量该地区的劳动力素质。区域劳动力的平均素质越高，越有利于该地区和企业吸收、学习和消化新技术，提高生产效率。③劳动力成本（Wage）。本书采用城镇单位就业人员的平均工资衡量各地区的劳动力成本。

① 资料来源：根据国家统计局对各省份就业人员平均受教育程度分为未上过学、小学、初中、高中、大专及以上五个等级，平均受教育年限分别对应 0、6、3、3、3.5 年，X_i 为各学历水平的人口比例，其测算公式为：$Hum = X_1 \times 0 + X_2 \times 6 + X_3 \times 9 + X_4 \times 12 + X_5 \times 15.5$。

劳动用工成本的提升在一定程度上会对企业创新资源的投入造成挤压，降低企业竞争力，从而不利于产业整体转型升级。④外商投资（Fdi）。本书选用外商投资总额与地区生产总值的比重来衡量外商投资规模。外资的注入会带动人才和新技术的流动，促进企业管理的变革，有助于提高产业转型升级能力。⑤出口倾向（Ex）。用文教体育用品制造业规模以上工业企业的出口交货值与销售总收入的比值表示，该比重越高，表明对国际市场的依赖程度越高，越容易被锁定在价值链低端，从而不利于产业转型升级。⑥政府参与经济（Gov）。本书采用该行业的财政支出与地区生产总值的比重来衡量政府对产业升级的扶持力度，该比重越大，表明政府对产业发展的扶持和干预力度越大。

（二）计量模型构建

根据上述变量选取，本书构建以下面板数据模型：

$$Va_i = \beta_0 + \beta_1 R\&D_{it} + \beta_2 Hr_{it} + \beta_3 Wage_{it} + \beta_4 Fdi_{it} + \beta_5 Ex_{it} + \beta_6 Gov_{it} + \varepsilon_{it}$$

其中，下标 i 为各个省份，i = 1，2，3，…，24，t 为时间维度；被解释变量 Va_{it} 为产业的利润率；解释变量 $R\&D_{it}$ 为研发投入水平；Hr_{it} 为人力资本水平；$Wage_{it}$ 为劳动力成本；Fdi_{it} 为外商投资；Ex_{it} 为出口倾向；Gov_{it} 为政府参与经济程度；ε_{it} 为误差项。为了使模型参数的经济意义更加明确并避免可能存在的异方差问题，特将各变量取自然对数进行分析。

（三）实证检验与结果分析

1. 实证检验

为确定合适的面板模型，本书首先利用 Stata 13.0 对 2007 ~ 2017 年 24 个省份的面板数据进行混合回归估计。经 F 检验，P 值为 0.0000，表明混合 OLS 模型缺乏统计上的说服力。随后，本书通过 Hausman 检验来确定是固定效应还是随机效应，Hausman 统计值对应的概率为 0.0044，意味着拒绝随机效应，选择固定效应。在确定存在个体效应后，考虑到各个省份体育用品制造业的发展基础、科技水平以及劳动力成本的差异较大，因此本书分别对我国四大经济区域①的面板数据进行固定效应分析。表6-2分别给出了全国和分区域体育用品制造业转型升级影响因素的回归估计结果。

表6-2　全国及分区域体育用品制造业转型升级影响因素回归结果

变量	全国			分区域（固定效应）			
	混合回归	固定效应	随机效应	东部	东北部	中部	西部
lnR&D	-2.0474***	-1.5705**	-1.9046***	-1.8725	-7.229***	-7.2670***	-0.7867
	(-2.75)	(-2.26)	(-2.98)	(-1.32)	(-3.33)	(-3.57)	(-0.49)
lnHr	3.1069	0.1956	0.5109	1.5951**	3.5423	0.5758	0.2849
	(1.12)	(0.21)	(0.55)	(2.06)	(1.53)	(0.37)	(0.23)
lnWage	1.2544*	-1.6334***	-1.2432**	0.0001***	0.0006	-0.0001	-3.0129**
	(1.87)	(-2.83)	(-2.29)	(3.55)	(1.21)	(-1.33)	(-2.36)
lnFdi	0.0408	1.4498***	1.2138***	-0.0004	0.0004*	0.0001*	1.9513**
	(0.18)	(3.96)	(3.86)	(-0.52)	(1.80)	(1.79)	(2.07)
lnEx	-0.6253***	-0.6276***	-0.6637***	-0.0293*	-0.0077	-0.0739	-0.0659
	(-2.7)	(-3.36)	(-3.78)	(-1.75)	(-0.1)	(-1.53)	(-0.2)
lnGov	-3.1771***	0.0917	-0.1396	-0.1511	2.8329	0.3436	-3.9537
	(-4.19)	(0.09)	(-0.16)	(-0.04)	(0.62)	(0.04)	(-1.36)
常数项	-2.9687	11.0014**	9.6021**	19.3913***	38.6122*	18.2574	18.0169**
	(-0.42)	(2.44)	(2.16)	(2.88)	(1.95)	(1.46)	(2.11)
N	264	264	264	99	33	66	66
F	9.61	21.71	—	6.75	4.32	4.73	30.08
R^2	0.3567	0.3241	0.3212	0.4085	0.5193	0.242	0.1125
Hausman-p		0.0044					

注：①***、**、*分别表示通过了1%、5%和10%水平上的显著性检验。②括号内数值为相应t统计量和z统计量。

① 资料来源：我国四大经济区域指东部、中部、西部和东北部四大地区。由于部分省市区数据缺失严重，故本书所指的东北地区包括辽宁、吉林、黑龙江3个省；东部地区包括北京、天津、河北、上海、江苏、浙江、福建、山东、广东9个省市；中部地区包括山西、安徽、江西、河南、湖北、湖南6省；西部地区包括广西、重庆、四川、贵州、云南、陕西6个省市区。

2. 结果分析

从全国面板模型估计结果进行分析，研发投入水平、劳动力成本、外商投资和出口倾向对产业转型升级具有显著的影响。首先，研发投入水平与附加值水平呈负相关，研发投入水平每增加1%，利润率下降1.90%。这与理论预期相反，可能的原因是企业的研发投入往往是一个长期的过程，创新成果产出也具有滞后性和不确定性，投资收益难以在短期内实现转化。尤其对于我国体育用品制造业来说，以中小型企业为主的劳动密集型特征明显，对科技创新的需求相对较弱。这一结果也与朱建勇等（2014）的研究结果一致。其次，劳动力成本与附加值水平呈负相关，劳动力成本每增加1%，利润率下降1.24%。劳动力成本是构成产品价值的重要部分，其成本的上升会挤压企业的盈利空间以及其他创新资源的投入，对产业转型升级造成抑制作用。再次，外商投资与附加值水平呈正相关，外商投资每增加1%，利润率上升1.45%。估计结果与预期相符。外资投入的作用不仅体现在新技术的扩散和知识外溢，还解决了部分体育用品制造企业的融资问题，引导产业进行转型升级。最后，出口倾向与附加值水平呈负相关，出口倾向每增加1%，利润率下降0.66%。究其原因，我国体育用品制造业以加工贸易为主①，长期依赖要素成本比较优势出口的发展模式遭遇瓶颈，出口比重的增加并不能带来丰厚的利润回报，反而容易陷入“贫困化增长”陷阱。周长富和杜宇玮（2012）在研究代工企业的转型升级问题中也证实了这一结果。另外，从人力资本水平和政府参与经济的回归结果来看，虽然两者系数都没有通过10%的显著性检验，但所得系数均为正，表明人力资本水平和政府参与经济能够正向促进体育用品制造业的转型升级，但作用并不明显。

---

① 海关总署统计数据显示，2015年我国体育用品加工贸易额达81.37亿美元，占对外贸易总额的60.49%。

从分区域面板模型估计结果进行分析，各影响因素存在区域差异性。第一，从研发投入水平和出口倾向的回归结果来看，两者的回归系数均为负，支持了全国样本的回归结果，表明研发投入水平和出口倾向的增加对各地区体育用品制造业转型升级具有反向作用，但影响程度不一。其中，研发投入水平对东北部和中部的抑制作用最为显著，东部和西部次之。第二，从人力资本水平和劳动力成本的回归结果来看，这两项因素仅对东部地区的转型升级具有显著的促进作用。其中，劳动力成本的上升更是对中部、西部地区的转型升级产生了抑制作用，这也从侧面验证了东部地区的产业发展基础、人力资源状况较好，符合现实情况。第三，从外商投资的回归结果来看，其对东北部、中部和西部地区具有显著的促进作用，而对东部地区产生了微弱的负向作用。产生这一现象的可能原因是，随着各要素成本上涨以及技术能力的提升，东部地区正逐步突破由外资代工模式所致的低端要素锁定。第四，从政府参与经济的回归结果来看，政府参与经济的影响作用存在区域差异性，但均未通过显著性检验，可见地方政府干预的影响作用并不有效。

二、体育用品制造企业转型升级案例分析

本节选取裕元工业和申洲国际作为案例研究对象。选择这两家体育用品制造业代工企业进行研究是基于如下考虑：①案例企业的代表性。裕元工业与申洲国际是各自业态的标杆企业，专注于体育运动品牌代工。两家企业均经历了以 OEM（贴牌生产）方式嵌入全球价值链的初期发展模式，目前正处于向产业链、价值链两端不断延伸的升级阶段。②企业成长的持续性。所选取的案例企业均创建于 1988 年，成立时间超过 30 年，且具有较为清晰的转型升级过程和阶段，足见其可持续发展的能力。③资料与数据的可获得性。裕元工业与申洲国际均为上市公司，其公开披露的信息更为详细。同时，作为各自行业领域的知名企业，官方和媒体都给予了大量关注与报道，有助于全面了解案例企业

转型升级的最新动态。因此，研究上述案例（案例企业背景见表6－3）是揭示我国体育用品制造业转型升级路径及影响因素的重要途径之一。

表6－3 案例企业背景信息

企业背景	裕元工业（广东台商企业）	申洲国际（宁波民营企业）
成立时间	1988年	1988年
所在行业	鞋类	针织服装
主要产品	运动鞋、运动型休闲鞋、便服鞋及户外鞋	针织运动类用品、休闲服装及内衣服装
代工品牌	阿迪达斯（adidas）、亚瑟士（ASICS）、匡威（CONVERSE）、新百伦（New Balance）、耐克（NIKE）、彪马（PUMA）、锐步（Reebok）、萨洛蒙（Salomon）、添柏岚（Timberland）	阿迪达斯（adidas）、彪马（PUMA）、优衣库（UNIQLO）、美津浓（Mizuno）、耐克（NIKE）、斐乐（FILA）、斯伯丁（SPALDING）、冠军（Champion）、安踏、李宁
代工模式	OEM、ODM	OEM、ODM
发展概况	主营两项业务，一是制造运动鞋、便服鞋，二是经营大中华区最大的运动用品零售网络，并提供运动赛事管理及体育相关服务；鞋类年产量超3亿双，约占全球运动鞋市场的20%；中国、越南、印度尼西亚、柬埔寨等均设有厂房	主营生产针织运动类用品、服装，出口日本、欧盟、美国、东南亚等市场；中国最大的一体化针织制造商；出口额连续多年位列中国服装出口企业排名第一位；2018年位居中国上市公司市值500强的第81位

资料来源：由笔者整理而得。

（一）裕元工业的转型升级分析

作为世界最大的国际品牌运动鞋及便服鞋的代工巨头，裕元工业实现了从初期的OEM到ODB，再到制造与零售双管齐下的成功转型。在裕元工业的发展过程中，多项举措促使其顺利转型升级。一是坚持垂直整合、水平分工的发展战略。裕元工业致力于供应链的整合和扩展，加强供应链上游、中游、下游各环节的联系。如2003年收购华坚国际股份有限公司，2004年又入股全球休闲包及背包制造巨头其利集团，将业务范围扩展至女鞋、服饰配件业。二是注重研发投入和科技创新。裕元工业建立供应链研发中心和设计开发中心，专注于鞋型与鞋材的创新开发，2017 年仅在产品开发上的投入就多达 2.1 亿美元。同时公司连续多年投入大量资金为其设备及机械进行升级及优化，提高生产效率。三是采取全方位渠道零售策略。裕元工业将实体店和电商平台进行全方位整合，创立运动营销管道通路品牌——“胜道（YYSports）”，开设大型新概念店，根据消费者不同需求提供线上到线下的服务。四是有序推动产业转移，转变全球生产力布局。为降低生产成本，裕元工业自 2009 年起开始进行国内转移，分别在安徽、湖北、湖南、河南等地设厂扩能。截至 2016 年，裕元工业的生产基地已经扩展到越南、印度尼西亚、柬埔寨、缅甸以及孟加拉国等多个海外国家和地区。

（二）申洲国际的转型升级分析

申洲国际早期以 OEM 为主，目前已转型升级为中国规模最大的、纵向一体化的纺织服装面料与服装生产销售的龙头企业（成衣生产环节为 OEM 模式，面料生产环节为 ODM 模式）。从申洲国际的转型升级实践来看：一是注重提高技术创新能力。申洲国际投资打造十个研发中心，研发人员达千人。尤其在纺织面料的自主研发上，2016 ~ 2019 年科技研发经费投入达到 8.15 亿元，每年开发新产品多达千种。截至 2018 年，申洲国际已经申请专利 306 件（其中发明 107 件，实用新型 199 件）。二是构建柔性化供应链。为提高全产业链的生产效率和响应速度，申洲国际依托垂直一体化管理模式，建立智能化立体仓库、无人物流系统，能做到对不同规模订单的快速反应，缩短交货周期。三是注重人力资源的开发和提高。公司采取国际化招聘人才与自己培养相结合的策略，聘请来自德国、美国和土耳其等国的外籍专家，建立院士工作站，以解决高端人才短缺问题。同时，公司建立“申洲国际纺织研究院”和“申洲管理学院”，持续培养企业自身人才。四是产业政策的支持。申洲国际属于宁波市北仑区第一批的“一企一策”企业和“龙腾”工程企业，地方政府自 2014 年起在加大对其技改投资扶持力度、优先保障要素资源等方面提供优质服务，助

力企业转型升级。

（三）经典案例转型升级影响因素总结

结合上述案例不难发现，裕元工业和申洲国际在应对国内外竞争、要素成本上涨、供求关系变化以及生态环境制约等压力时，积极探索出具有自身特色的转型升级之路，这也是我国众多体育用品制造企业发展的缩影。关于转型升级的影响因素，大致可以从企业自身内部和外部环境两个方面进行分析与总结。

从企业内部自身因素来看，主要归因于企业家精神、研发创新能力、人力资本、管理战略等要素。首先，企业家精神是不可或缺的推动性因素。申洲国际董事长马建荣意识到日本对进口针织品的要求极高，曾不惜烧掉劣质衣服，将产品再定位为中高端，严抓品质和管理。正是企业家敏锐的眼光与卓越的判断力，使申洲国际自 1992 年起就开始盈利。其次，研发创新能力是企业发展的核心竞争力。两家企业都非常注重研发资金和研发人员的投入，裕元工业为主要品牌客户设立独立产品研发中心和负责人员，利用新型技术生产鞋类产品，以达到客户的最高要求。申洲国际则成立"申洲国际纺织研究院"，致力于开发纺织新面料与服装，研究绿色环保印染新技术，面料研发能力处于国内领先水平。最后，人力资本的重要性更多体现在企业的经营管理上。裕元工业建立 SOE（Standards of Engagement）人性化管理团队，专注于企业员工间的管理、培训及协调，以加强各部门之间的联系。申洲国际创建"申洲管理学院"，每年投入数亿元，为企业的持续发展不断输送管理型人才。

从外部因素来看，良好的社会环境、制度环境以及市场环境是企业转型升级的重要依托。在社会环境方面，裕元工业和申洲国际为适应不断变化的市场动态均做出了改变。裕元工业积极布局电子商务渠道和数码支付领域，组织策划体育赛事推广活动，年轻顾客群体比重不断上升。申洲国际顺应环保趋势，积极推进绿色环保印染技术研究，自 2013 年开始在年报中披露自身节能减排、社会责任相关的数据。在制度环境方面，裕元工业自落户珠海后，相继在东莞、江苏、江西等地大规模投资建厂，这与当地政府应对产业转移的灵活政策与细致服务密不可分。申洲国际也得益于地方政府出台的利好政策，“一企一策”方式给予了资金补助、项目用地、环境容量等支持。在市场环境方面，外商投资以及国际贸易有助于管理理念和先进技术的引入。裕元工业和申洲国际都与国际名牌客户保持着密切关系，如裕元工业的供应链管理模式与阿迪达斯（adidas）的合作密不可分，申洲国际为契合耐克（NIKE）的高标准，在精益管理、生产效率、节能环保和员工关怀等方面做出改善和提升。

第三节　我国体育用品制造业转型升级的提升策略

目前，我国已成为全球最大的体育用品制造基地，海关数据统计显示，2016 年中国体育用品行业的进出口总额达 170.23 亿美元，外销比例高达 74.77%。然而，随着我国经济发展进入新旧动能转换的关键时期，以低成本、低价格获取竞争优势的低技术含量、低附加值的体育用品制造业更是面临着前所未有的挑战。长期为国际品牌代工、贴牌的传统加工模式弊端日益凸显，导致体育用品制造业陷入价值链低端环节的“结构封锁”。在此语境下，体育用品制造业作为体育产业的重要支柱，是否能够顺利转型升级，决定着体育产业实现高质量发展的进程。因此，体育用品制造业要跳出体育产业的原有视野，站在我国制造业改造升级、产业转型的高度，提出转型升级的提升策略。

（一）加速推动行业的技术创新

体育用品制造业的转型升级离不开对产品的研发和自主创新的能力。产品的研发可以与体育相关的企业、高校进行合作，实现产研联共同的产品研发。

此外，体育用品制造业应积极拥抱工业互联网，根据自身情况运用移动互联网、云计算与大数据、智能机器人等领域的核心技术，进行体育产品的自主创新、自主研发、研发测试，就研发的核心技术问题与相关企业开展交流与合作，使企业产品研发周期缩短，产品创新速度加快。

（二）加强人才培养，促进产业协同

从跨专业和跨行业的高度，加强对体育用品制造业人才的培养。体育用品制造业是机械、电子信息、运动人体科学、管理科学等多种学科交叉的专业领域，传统的人才培养模式已经无法适应跨学科跨领域的需求。与全球先进国家相比，国内在高端体育竞技、演出和管理等方面缺乏人才，应加大全球范围内的人才引进。同时加大培养体育用品制造业人才，依托体育类专业院校和大专院校、大型企业和科研机构，多渠道培养体育人才，提高体育用品制造水平，进一步提升体育用品制造业与人体科学、健康、信息技术等领域的融合程度。

（三）加强品牌文化建设，扩大国际影响力

我国虽有不少体育用品制造业生产重地，生产的体育用品质量也不错，但在许多经销商、消费者眼里却是“廉价品”。我国体育用品制造企业要想在国际市场赢得一席之地，就必须树立品牌意识。一要加大国际推广，以传统文化为突破口形成特色产品。如弘扬中华传统武术、射箭、摔跤等文化，提升民族品牌的国际竞争力。二要通过赞助全球性体育赛事，加强品牌策略的营销。如投资体育论坛、组织精品赛事和大型综合运动会，通过集中展现众多体育用品品牌吸引国外观众，进一步吸引国际一线体育品牌。三要重视品牌形象店的打造和文化建设。鼓励国内体育用品龙头企业加大自主品牌培育力度，注重品牌形象店的建设，为消费者带来更好的用户体验，同时也有助于提升企业的整体形象。

（四）优化制度供给，构建多元化保障体系

一是充分发挥政策的引导和杠杆作用，将体育用品制造业作为中国制造业的典型行业给予重视，使体育产品在提高人民生活水平中的作用得到充分发挥。进一步落实党中央减税降费的要求，严格依法依规征税收费，确保减税降费政策落地见效，使更多体育制造企业享受到国家财政税收和其他政策的优惠。二是加强精准施策，帮助外向型体育用品制造企业渡过难关。如跟踪中美经贸摩擦对体育用品出口企业的影响，细化涉企贸易政策，考虑体育用品企业出口退税的实际情况，制定行之有效的政策，避免“一刀切”的做法，切实帮助企业应对风险。在涉及体育用品生产制造的安全、环保等环节，结合企业现有工艺和技术手段，制定符合实际的标准。加强企业服务，主动摸排重点企业难题，主动宣传惠企政策，通过召开座谈会、现场办公会等方式研究解决体育用品企业的合理诉求，进一步强化政府职能部门责任意识、服务意识。三是加快推进标准化建设。国内体育用品制造行业标准从全球范围来看是相对滞后的，标准不只是企业创新的动力，更是中国体育用品制造业走向国际市场的通行证。可以通过联合政府、企业推动一些细分体育产品的标准建设，鼓励行业积极创新，为企业规避风险，从而推动体育用品行业转型升级。

第四节　结论与思考

一、结论

通过分析 2007～2017 年 24 个省市区体育用品制造业面板数据，从全国层面和分区域层面分别对其转型升级的影响因素进行实证分析。综合裕元工业和申洲国际转型升级的案例分析，总结出体育用品制造业转型升级的影响因素，可以得出以下几个结论：

（1）从国家层面来看，外商投资对附加值水平具有显著的促进作用，而研发投入水平、劳动力成本和出口倾向呈现出显著负向影响。人力资本水平和政府参与经济在产业转型升级过程中带来了一定的积极影响，但总体效果并不显著。

（2）从区域层面来看，各影响因素对产业转型升级的作用存在区域差异性。研发投入水平、人力资本水平和出口倾向对附加值水平的影响支持全国样本的结论，而劳动力成本、外商投资和政府参与经济对附加值水平的影响随不同的区域展现出差异性。

（3）综合裕元工业和申洲国际转型升级的案例分析，其转型升级的影响因素可以总结为企业自身内部和外部环境两个方面。从企业内部自身因素来看，主要归因于企业家精神、研发创新能力、人力资本、管理战略等要素。从外部因素来看，良好的社会环境、制度环境以及市场环境是企业的转型升级的重要依托。

二、思考

基于上述结论，本书围绕体育用品制造业转型升级的研究启示和思考如下：

其一，完善区域创新体系和资金投入体系。在产业转型升级过程中，技术创新能力固然是产业转型升级的重要驱动力，但依靠研发投入带来的创新产出和经营绩效可能存在滞后性。持续的研发投入与高效的创新活动更需完善的区域创新体系和资金投入体系的保障。政府应加大对体育用品制造业的科研投入，扶持相关科研机构，同时应鼓励市场给予体育用品制造企业更多的持续性资本支持，壮大技术性资本投入规模，形成合力为其转型升级提供物质保障。

其二，有针对性地吸引外商投资。各地区应结合体育用品制造业实际发展状况，尤其是东部地区在招商引资过程中，要更加注重投资项目的质量以及附带的技术含量，不断深化自主创新能力，将资源更多地投入到体育用品全球价值链的高附加值环节，从而突破低端锁定。

其三，利用区域差异性，有序推动产业转移。在产业转型的大背景下，东部沿海地区各生产要素比较优势逐渐丧失，政府应加强政策支持和引导，着力改善产业转移环境，积极推动产业向中西部地区和国际转移。目前，结合实证结果，东北部、中部和西部地区的人力资本增长效应还并未得到充分发挥。因此，在转移过程中，后发地区不仅要结合自身优势并调整体育产业发展定位与规划，还要把有限的资源向吸引、培养符合产业发展的人才方面倾斜，降低发达地区“人才洼地”效应和“虹吸效应”带来的影响。

参考文献

［1］ Akamatsu K. A Historical Pattern of Economic Growth in Developing Countries ［J］. The Developing Economies, 1962 (1): 3 -25.

［2］ Ang Y. Y. Domestic Flying Geese: Industrial Transfer and Delayed Policy Diffusion in China ［J］. The China Quarterly, 2018 (6): 1 -24.

［3］ Anselin L. Spatial Econometrics: Methods and Models ［M］. Dordrecht: Kluwer Academic, 1988.

［4］ Anselin L. The Moran Scatterplot as an ESDA Tool to Assess Local Instability in Spatial Association. Spatial Analytical Perspectives on GIS ［C］. London: Taylor and Francis, 1996: 111 - 125.

［5］ Anselin. Spatial Econometrics: Methods and Models ［M］. Dordrecht: Kluwer Academic, 1988.

［6］ Dagum C. A New Approach to the Decomposition of the Gini Income Inequality Ratio ［J］. Empirical Economics, 1997, 22 (4): 515 -531.

［7］ Dunning J. H. The Eclectic Paradigm of International Production: A Restatement and Some Possible Extensions ［J］. Journal of International Business Studies, 1988, 19 (1): 1 -31.

［8］ Duranton G., Overman H. G. Testing for Localization Using Micro - Geographic Data ［J］. The Review of Economic Studies, 2005, 72 (4): 1077 -1106.

[9] Feldman M. P. , Audretsch D. B. Innovation in Cities: Science – Based Diversity, Specialization and Localized Competition [J] . European Economic Review, 1999 (43): 409 – 429.

[10] Friedman J. R. Regional Development Policy: A Case Study of Venezuela [M] . Cambridge: MIT Press, 1996.

[11] Harris C. D. The Market as a Factor in the Localization of Industry in the United States [J] . Annals of the Association of American Geographers, 1954 (44): 315 – 348.

[12] Khattak A. , Stringer C. Environmental Upgrading in Pakistan's Sporting Goods Industry in Global Value Chains: A Question of Progress? [J] . Business & Economic Review, 2017, 9 (1): 43 – 64.

[13] Lall S. V. , Timmins C. , Carvalho A. Regional Subsidies and Industrial Prospects of Lagging Regions [M] . The World Bank, 2006.

[14] Lee S. Y. Service Quality of Sports Centers and Customer Loyalty [J] . Asia Pacific Journal of Marketing and Logistics, 2017, 29 (4): 870 – 879.

[15] Marcon E. , Puech F. Evaluating the Geographic Concentration of Industries Using Distance – Based Methods [J] . Journal of Economic Geography, 2003, 3 (4): 409 – 428.

[16] Moran P. The Interpretation of Statistical Maps. Journal of the Royal Statistical Society (SeriesB), 1948 (10): 243 – 251.

[17] Nadvi K. Labour Standards and Technological Upgrading: Competitive Challenges in the Global Football Industry [J] . International Journal of Technological Learning, Innovation and Development, 2011, 4 (1 – 3): 235 – 257.

[18] Nadvi K. , Lund - Thomsen P. , Xue H. , et al. Playing Against China: Global Value Chains and Labour Standards in the International Sports Goods In-

dustry [J]. Global Networks, 2011, 11 (3): 334 - 354.

[19] Paci R., Usai S. Externalities, Knowledge Spillovers and the Spatial Distribution of Innovation [J]. Geo Journal, 1999 (49): 381 - 390.

[20] Robert J. Barro. Public Finance in Models of Economic Growth [J]. Review of Economic Studies, 1992, 59 (4): 645 - 661.

[21] Seetanah B. Assessing The Dynamic Economic Impact of Tourism for Island Economies [J]. Annals of Tourism Research, 2011, 38 (1): 291 - 308.

[22] Shorrocks A. The Class of Additively Decomposable Inequality Measures [J]. Econometrica, 1980 (3): 613 - 625.

[23] Tobler W. R. A Computer Movie Simulating Urban Growth in the Detroit Region [J]. Economic Geography, 1970 (46): 234 - 240.

[24] Vernon R. International Investment and International Trade in Product Cycle [J]. Quarterly Journal of Economics, 1966, 80 (5): 197 - 207.

[25] Xu J., Yang R. Sports Industry Agglomeration and Green Economic Growth—Empirical Research Based on Panel Data of 30 Provinces and Cities in China [J]. Sustainability, 2019 (11): 5399.

[26] 安俊英. 中国城市化与体育用品制造业互动发展模式分析 [J]. 上海体育学院学报, 2013, 37 (2): 56 - 61.

[27] 白晨, 顾昕. 省级政府与农村社会救助的横向公平——基于 2008 - 2014 年农村最低生活保障财政支出的基尼系数分析和泰尔指数分解检验[J]. 财政研究, 2016 (1): 67 - 74.

[28] 鲍芳芳. 中国体育用品制造业的比较优势研究 [D]. 北京体育大学博士学位论文, 2013.

[29] 陈春, 董冰洁, 蔡叶. 基于 Bloom 分析框架下地区产业承接研究——中部六省实证分析 [J]. 宏观经济研究, 2017 (9): 70 - 78.

［30］陈春，董冰洁．长江经济带地区产业转移引力测度及其空间关系研究［J］．工业技术经济，2018，37（9）：138－144.

［31］陈春，董冰洁．货币外部性对地区产业转移的影响研究——基于 CP 模型视角［J］．宏观经济研究，2019（9）：27－46.

［32］陈刚．“一带一路”战略实施中推进体育文化国际传播的研究［J］．首都体育学院学报，2017，29（1）：4－7，25.

［33］陈颇，赵恒．中国体育用品制造业产业集聚程度变动趋势的定量研究［J］．天津体育学院学报，2009，24（1）：56－61.

［34］陈颇．中国体育事业财政投入与经济增长关系的实证研究——基于 1977—2010 年的时间序列数据分析［J］．武汉体育学院学报，2012，46（5）：34－39.

［35］陈颇．中国体育用品制造业产业集聚度及演变趋势的实证研究［J］．南京体育学院学报（社会科学版），2013，27（5）：57－62.

［36］陈琦．跨国公司竞争优势最大化：国际产业转移的一种新解释［D］．江西财经大学博士学位论文，2011.

［37］陈诗一．中国工业分行业统计数据估算：1980—2008［J］．经济学（季刊），2011，10（3）：735－776.

［38］陈雁云，朱丽萌，习明明．产业集群和城市群的耦合与经济增长的关系［J］．经济地理，2016，36（10）：117－122，144.

［39］陈正奇．李宁品牌国际化战略研究及对中国体育用品品牌的启示［D］．辽宁大学硕士学位论文，2014.

［40］程虹，刘三江，罗连发．中国企业转型升级的基本状况与路径选择——基于 570 家企业 4794 名员工入企调查数据的分析［J］．管理世界，2016（2）：57－70.

［41］程实．全球价值链视角下我国民营体育用品产业转型升级研究

[D]．首都经济贸易大学硕士学位论文，2018.

［42］戴翔，刘梦，任志成．劳动力演化如何影响中国工业发展：转移还是转型［J］．中国工业经济，2016（9）：24－40.

［43］董进，夏成前，战炤磊．新常态下体育用品制造业集群发展：动因、态势与路径［J］．沈阳体育学院学报，2016，35（6）：14－21.

［44］董宁．人民币升值背景下我国体育用品制造业转型升级路径探析［J］．山东体育学院学报，2014，50（5）：23－27.

［45］杜宇玮，周长富．锁定效应与中国代工产业升级——基于制造业分行业面板数据的经验研究［J］．财贸经济，2012（12）：78－86.

［46］段敏芳，田秉鑫．差距与发展：西部地区制造业如何在承接中升级［J］．湖北大学学报（哲学社会科学版），2018，45（2）：118－125.

［47］段艳玲，付志华，陈曦．我国体育用品制造业服务化对产业转型升级的影响研究［J］．武汉体育学院学报，2019，53（11）：23－28.

［48］樊小玲．台湾体育用品产业转移研究——兼谈中国大陆的承接优势和举措［D］．福建师范大学硕士学位论文，2014.

［49］范剑勇．长三角一体化、地区专业化与制造业空间转移［J］．管理世界，2004（11）：77－84，96.

［50］方春妮．体育产业集群研究［D］．上海体育学院博士学位论文，2009.

［51］冯邦彦，段晋苑．广东省区际产业转移影响因素的实证研究［J］．广东工业大学学报（社会科学版），2009，9（1）：39－44.

［52］冯根福，刘志勇，蒋文定．我国东中西部地区间工业产业转移的趋势、特征及形成原因分析［J］．当代经济科学，2010，32（2）：1－10，124.

［53］傅强，魏琪．全球价值链视角下新一轮国际产业转移的动因、特征与启示［J］．经济问题探索，2013（10）：138－143.

[54] 葛超，宋晓明．我国体育用品制造企业升级研究［J］．体育文化导刊，2015（6）：99－102.

[55] 弓文．我国体育产业集聚水平测度及其影响因素研究［D］．湖南大学硕士学位论文，2011.

[56] 关爱萍，胡期，牛召．税收竞争对区域产业转移的影响研究——基于中国省际面板数据的经验分析［J］．税务研究，2017（9）：34－39.

[57] 郭蓉，王真．上海市体育用品制造业技术创新影响因素的实证研究［J］．体育科研，2012，33（2）：64－67.

[58] 何芸，贝政新．长三角经济圈科技创新与金融发展的耦合研究［J］．技术经济与管理研究，2019（3）：20－24.

[59] 贺曲夫，刘友金．我国东中西部地区间产业转移的特征与趋势——基于2000—2010年统计数据的实证分析［J］．经济地理，2012，32（12）：85－90.

[60] 胡安俊，孙久文．中国制造业转移的机制、次序与空间模式［J］．经济学（季刊），2014，13（4）：1533－1556.

[61] 胡效芳，焦兵，张凡勇．中国体育用品制造业产业集聚与国际竞争力关系的实证分析［J］．统计与信息论坛，2011，26（2）：78－83.

[62] 胡用岗．长三角体育用品制造业产业结构与集聚水平研究［J］．体育文化导刊，2015（11）：115－120.

[63] 胡志高，曹建华，龙慧．农村人力资本转移扩大了城乡收入差距吗——基于水平效应、自溢出效应和逆溢出效应视角的分析［J］．农业技术经济，2018（11）：30－43.

[64] 宦梅丽，侯云先，曹丹丘，韦开蕾．FDI、技术进步与中国地区经济增长：基于1979—2013年省际面板数据［J］．当代经济科学，2018，40（2）：29－37，125.

［65］黄琦，王宏志，徐新良．宅基地退出外部环境地域差异实证分析——基于武汉市东西湖区84个样点的分析［J］．地理科学进展，2018，37（3）：407－417.

［66］季书涵，朱英明，张鑫．产业集聚对资源错配的改善效果研究［J］．中国工业经济，2016（6）：73－90.

［67］季雯婷，朱菊芳，郎以波．经济新常态下江苏体育用品制造业升级的挑战与机遇［J］．南京体育学院学报（自然科学版），2016，15（1）：132－138.

［68］姜同仁，张林．"一带一路"与中国体育产业对接发展路径研究［J］．西安体育学院学报，2017，34（2）：129－139.

［69］蒋小荣．全球贸易网络研究及对中国地缘战略的启示［D］．兰州大学博士学位论文，2018.

［70］焦长庚，戴健，曹贤忠．泛长三角地区体育服务产业空间集聚特征［J］．上海体育学院学报，2018，42（5）：53－60.

［71］靳卫东，王林杉，徐银良．区域产业转移的定量测度与政策适用性研究［J］．中国软科学，2016（10）：71－89.

［72］靳英华．论国际间产业转移与中国体育用品制造业的结构调整［J］．北京体育大学学报，2009，32（6）：1－3.

［73］荆林波．我国体育产业发展现状、问题与对策建议［J］．南京体育学院学报（社会科学版），2016，30（4）：1－10.

［74］康利利．"供给侧改革"视角下山东省体育用品制造业的发展研究［D］．山东体育学院硕士学位论文，2017.

［75］李滨，刘兵．全球价值链新动向对我国体育用品业发展的启示［J］．上海体育学院学报，2017，41（2）：25－29，46.

［76］李波，赵鑫铖，李艳芳．贸易便利化、产业集聚与地区产业增长

[J]. 财贸研究，2017，28（6）：1-16.

[77] 李大帅. 品牌战略视阈下我国体育用品企业生产改革研究 [J]. 湖北体育科技，2018，37（11）：955-957.

[78] 李迪. 我国知名体育用品企业品牌国际化的多案例研究 [D]. 成都体育学院硕士学位论文，2016.

[79] 李国，张天峰，孙庆祝. 我国体育产业对国民经济发展影响的实证研究 [J]. 沈阳体育学院学报，2019，38（2）：36-42.

[80] 李海杰，邵桂华，王毅. 我国体育产业集聚对产业效率的影响研究 [J]. 天津体育学院学报，2019，34（6）：512-520.

[81] 李佳洺，张文忠，李业锦，杨勋凤，余建辉. 基于微观企业数据的产业空间集聚特征分析——以杭州市区为例 [J]. 地理研究，2016，35（1）：95-107.

[82] 李金金，黄聪. 我国"一带一路"体育文化建设的遇境与路径 [J]. 浙江体育科学，2017，39（3）：16-21.

[83] 李晶. 产业价值链视角下体育产业升级机制研究——以苏南地区为例 [J]. 成都体育学院学报，2015，41（4）：19-23.

[84] 李强，李书舒. 政府支出、金融发展与经济增长 [J]. 国际金融研究，2017（4）：14-21.

[85] 李润. "一带一路"格局下我国体育产业发展的理论构想 [J]. 广州体育学院学报，2017，37（4）：37-39，41.

[86] 李颖. 跨区域产业转移的路径和影响因素：基于中部地区的分类实证研究 [J]. 产经评论，2015，6（6）：24-34.

[87] 李元，高海隆. 泉州与"一带一路"沿线国家体育用品贸易分析 [J]. 泉州师范学院学报，2017，35（4）：33-39.

[88] 梁枢，王益民. "互联网+"视域下体育制造业供给侧改革研

究——O2O 商业模式的开发与应用［J］. 体育与科学，2016，37（4）：36－41，87.

［89］梁枢，王益民. “一带一路”倡议背景下中国体育产业的全球价值链升级研究［J］. 体育与科学，2018，39（2）：7－12.

［90］林毅夫，刘明兴. 中国的经济增长收敛与收入分配［J］. 世界经济，2003（8）：3－14，80.

［91］刘兵. 产业集群的成因对我国体育产业发展的启示［J］. 成都体育学院学报，2009，35（12）：16－19.

［92］刘川. 基于全球价值链的区域制造业升级评价研究：机制、能力与绩效［J］. 当代财经，2015（5）：97－105.

［93］刘冬磊，王子朴，陈秉信，马家鑫. 历史新拐点下我国体育用品制造业营商环境、短板与路径分析［J］. 哈尔滨体育学院学报，2019，37（5）：37－42.

［94］刘慧岭. 武汉制造业创新能力评价与提升对策研究［J］. 科研管理，2013，34（S1）：88－94.

［95］刘骏峰. 我国体育用品制造业集聚机理研究［D］. 华侨大学硕士学位论文，2017.

［96］刘哲. 全球价值链视角下我国体育用品产业升级路径及对策研究［D］. 江西财经大学硕士学位论文，2013.

［97］罗胤晨，谷人旭. 1980－2011 年中国制造业空间集聚格局及其演变趋势［J］. 经济地理，2014，34（7）：82－89.

［98］骆文琴，仝敬平，张强. 我国体育用品产业俘获型治理模式的构建及突破［J］. 武汉体育学院学报，2015，49（10）：50－55.

［99］马尚奎. 区域体育产业升级能力评价研究——基于中东部地区十五省际面板数据［J］. 成都体育学院学报，2014，40（10）：40－46.

［100］闵健，朱道辉，胡艳，郭新艳，柳伟，郎松亭．提升我国体育用品业自主创新能力的对策与建议［J］．成都体育学院学报，2010，36（4）：1－5.

［101］潘四凤．后危机时代中国体育用品产业集群升级研究——基于全球价值链的视角［J］．浙江体育科学，2010，32（4）：5－9，12.

［102］潘四凤．全球价值链下中国体育用品产业集群升级研究［J］．体育与科学，2010，31（5）：68－72.

［103］潘子辉，陈颇．经济新常态下中国体育用品制造业转型升级综合能力评价研究［J］．沈阳体育学院学报，2018，37（5）：47－53.

［104］乔小勇，王耕，朱相宇，刘海阳．全球价值链嵌入的制造业生产分工、价值增值获取能力与空间分异［J］．中国科技论坛，2018（8）：58－65.

［105］任波，戴俊，夏成前，徐磊．中国体育产业结构的内涵解析与供给侧优化［J］．北京体育大学学报，2018，41（4）：16－23.

［106］邵凯．“一带一路”战略布局下我国体育产业融合路径研究［J］．体育科研，2015，36（6）：57－60，70.

［107］邵帅，李欣，曹建华，杨莉莉．中国雾霾污染治理的经济政策选择——基于空间溢出效应的视角［J］．经济研究，2016，51（9）：73－88.

［108］沈能，周晶晶．参与全球生产网络能提高中国企业价值链地位吗：“网络馅饼”抑或“网络陷阱”［J］．管理工程学报，2016，30（4）：11－17.

［109］石沂哲，魏家鹏．“新常态”下甘肃体育产业创新驱动发展必要性分析［J］．现代经济信息，2017（19）：479－480.

［110］舒成利，智勇．我国体育产业创新能力与发展策略研究［J］．体育文化导刊，2007（5）：41－44.

[111] 宋河发，穆荣平，任中保．自主创新及创新自主性测度研究［J］．中国软科学，2006（6）：60－66.

[112] 宋娜梅．区域体育用品制造业国际化进程与经营管理绩效的关系研究［J］．体育与科学，2013，34（3）：49－52.

[113] 宋昱．体育产业的集群发展研究：中国的经验与问题［J］．北京体育大学学报，2013，36（8）：17－23.

[114] 孙久文，彭薇．劳动报酬上涨背景下的地区间产业转移研究［J］．中国人民大学学报，2012，26（4）：63－71.

[115] 孙立梅，肖卉，李晓娣．区域金融发展对技术创新的作用［J］．科技管理研究，2018，38（8）：18－26.

[116] 谈艳，张莹，陈颇．中国体育用品制造业转型升级的影响因素研究——基于省（市）级面板数据的实证［J］．沈阳体育学院学报，2017，36（1）：38－42.

[117] 汤碧，陈莉莉．全球价值链视角下的中国加工贸易转型升级研究［J］．国际经贸探索，2012，28（10）：44－55.

[118] 唐红祥，王业斌，王旦，贺正楚．中国西部地区交通基础设施对制造业集聚影响研究［J］．中国软科学，2018（8）：137－147.

[119] 滕守刚．湖北省体育产业创新能力分析及发展对策研究［J］．科技进步与对策，2011，28（24）：42－44.

[120] 汪艳，王跃，吴玉鸣，殷广卫．空间集聚与体育产业增长的关系研究——基于 SLM 和 SEM 模型的实证［J］．经济经纬，2016，33（5）：78－83.

[121] 汪艳，王跃，殷广卫，肖巧俐．空间关联视角下体育产业集聚的时空演化研究——基于 ESDA 的实证［J］．西安体育学院学报，2018，35（3）：281－288.

[122] 王德平，陈建华，任宝莲. 闽、浙、粤体育用品产业创新能力的评价与分析 [J]. 体育科学，2009，29（8）：73-81.

[123] 王德平. 体育用品产业创新能力发展策略——基于厦门市体育用品产业现状分析 [J]. 体育科学研究，2010，14（4）：11-16.

[124] 王非暗，王珏，唐韵，范剑勇. 制造业扩散的时刻是否已经到来 [J]. 浙江社会科学，2010（9）：2-10，125.

[125] 王会宗，张瑞林，王晓芳. 中国体育发展与经济增长的动态计量分析 [J]. 体育学刊，2012，19（3）：71-74.

[126] 王军，柯文进，孙珊珊，冀文彦，张蔷薇. 2022 冬奥会背景下北京体育及相关产业集聚研究——基于区位熵及空间基尼系数方法 [J]. 地域研究与开发，2019，38（3）：23-26.

[127] 王良健，弓文，侯虚怀. 我国省际体育产业集聚水平测度及动态演进研究 [J]. 北京体育大学学报，2012，35（10）：29-34.

[128] 王霖. 全球价值链下体育用品制造业自主创新动力的研究 [J]. 赤峰学院学报（自然科学版），2015，31（6）：111-113.

[129] 王巍，马慧. 高速铁路网络、劳动力转移与产业空间集聚 [J]. 当代经济管理，2019（10）：1-22.

[130] 王艳华，郝均，赵建吉，苗长虹. 从 GPN1.0 到 2.0：全球生产网络理论研究进展与评述 [J]. 地理与地理信息科学，2017，33（6）：87-93.

[131] 王子朴，朱亚成. “一带一路”背景下体育赛事发展的价值、困境与策略 [J]. 北京体育大学学报，2017，40（7）：1-6.

[132] 文东伟，冼国明. 中国制造业产业集聚的程度及其演变趋势：1998-2009 年 [J]. 世界经济，2014，37（3）：3-31.

[133] 吴建堂. “中国制造 2025”战略背景下的体育用品制造业发展路径研究 [J]. 体育与科学，2016，37（5）：55-61.

[134] 吴洁．从“阿迪达斯关闭中国工厂”事件看我国体育用品制造业如何应对产业转移［J］．武汉体育学院学报，2013，47（6）：36－40.

[135] 吴声光，吴耀明，邹学亲．我国体育用品产业在中国—东盟自由贸易区的发展探讨［J］．广西社会科学，2012（1）：81－83.

[136] 吴雄．广东吸引和承接第三次国际体育产业转移的研究［J］．体育学刊，2006（5）：132－134.

[137] 武传玺．“一带一路”倡议下中国体育用品企业面临的机遇、挑战与对策［J］．首都体育学院学报，2017，29（4）：302－304，342.

[138] 夏碧莹．加快我国体育用品制造业转型升级的问题和对策［J］．北京体育大学学报，2011，34（7）：37－40.

[139] 向绍信．我国体育用品产业升级路径研究［J］．天津体育学院学报，2014，29（5）：415－420.

[140] 项亚光，梅新，叶明志，李莉．国际体育用品业转移承继历程、规律与经验借鉴［J］．哈尔滨体育学院学报，2018，36（1）：25－32.

[141] 谢洪伟，张红艳．基于全球价值链理论的区域体育用品制造产业集群升级研究——以福建晋江为例［J］．南京体育学院学报，2009，25（5）：41－44.

[142] 谢经良，孙晋海，曹莉．“互联网＋”背景下我国体育旅游用品制造业跨越“低端锁定”的路径研究［J］．沈阳体育学院学报，2017，36（1）：19－24.

[143] 谢军，张博，白震．从GVC到NVC：我国体育用品产业升级路径的研究［J］．体育学刊，2015（1）：28－32.

[144] 邢中有．我国体育用品制造企业转型升级研究［J］．上海体育学院学报，2019，39（3）：12－17.

[145] 邢中有．中国体育用品制造产业转移问题研究［J］．成都体育学

院学报，2016，42（5）：47－54.

［146］徐茂卫，管文潮．我国体育产业集聚的动力机制［J］．上海体育学院学报，2012，36（3）：57－60.

［147］徐永鑫，吕玉萍．全球价值链理论视域下我国体育用品产业集群转移的研究［J］．武汉体育学院学报，2015，49（2）：39－43.

［148］许春蕾．体育用品上市公司产品战略转型影响因素的实证研究——基于2008—2015年面板数据［J］．北京体育大学学报，2017，40（5）：22－27，33.

［149］许玲．基于边际产业扩张理论的中国体育用品业海外并购研究［J］．体育与科学，2011，32（3）：54－59，63.

［150］许阳．中国自主体育品牌国际化发展研究——以安踏品牌为例［D］．东华大学硕士学位论文，2016.

［151］薛林峰，杨明．我国体育用品加工贸易转型升级研究［J］．武汉体育学院学报，2018，52（5）：42－49.

［152］薛文忠．"一带一路"战略下我国民族传统体育的国际传播基本体系研究［J］．南京体育学院学报，2017，31（2）：36－40.

［153］颜小燕．"互联网＋"促进体育产业创新驱动发展及其策略［J］．体育与科学，2017，38（6）：67－72.

［154］杨峻．基于厂商行为的中国纺织产业转移研究［D］．东华大学博士学位论文，2015.

［155］杨明，李留东．基于全球价值链的我国体育用品产业升级路径及对策研究［J］．中国体育科技，2008（3）：41－46，51.

［156］杨明．中小型体育用品制造企业国际化分析［J］．北京体育大学学报，2017（5）.

［157］杨明．中国体育用品制造产业集群创新要素结构及其作用机制研

究［J］．体育成人教育学刊，2015，31（4）：2，9－14，52.

［158］杨明．中国体育用品制造产业转移研究［J］．天津体育学院学报，2013，28（6）：472－476.

［159］杨琦，张治国．全球第4次产业转移浪潮和我国体育用品制造业的出路［J］．武汉体育学院学报，2013，47（10）：39－43.

［160］杨胜．产品内分工下中国制造业国际转移影响因素研究［D］．山西财经大学硕士学位论文，2017.

［161］姚书杰，蒙丹．后发企业自主构建全球生产网络的成长机制——基于专有能力和网络优势的互动研究［J］．科技与经济，2018，31（4）：96－100.

［162］姚松伯，刘颖．体育产业集聚对区域经济增长影响的实证分析——基于静态和动态面板数据模型［J］．体育科学，2017，37（11）：21－29，39.

［163］袁红林，刘哲．全球价值链视角下我国体育用品产业升级路径及对策［J］．江西社会科学，2011，31（11）：82－87.

［164］原毅军，郭然．生产性服务业集聚、制造业集聚与技术创新——基于省级面板数据的实证研究［J］．经济学家，2018（5）：23－31.

［165］张公嵬，梁琦．产业转移与资源的空间配置效应研究［J］．产业经济评论，2010，9（3）：1－21.

［166］张焕明，陈年红．经济分权、人口迁徙与大国发展之路——基于人均产出增长地区差异的实证分析［J］．财经研究，2012，38（1）：4－16.

［167］张杰，刘志彪．需求因素与全球价值链形成——兼论发展中国家的“结构封锁型”障碍与突破［J］．财贸研究，2007（6）：1－10.

［168］张军，吴桂英，张吉鹏．中国省际物质资本存量估算：1952—2000［J］．经济研究，2004（10）：35－44.

[169] 张鹏，王娟．全球生产网络中国产业升级结构封锁效应及突破[J]．科学学研究，2016，34（4）：520－527，557.

[170] 张强，阴腾龙，栗丽．体育用品国家价值链的构建及产业升级[J]．武汉体育学院学报，2016，50（2）：47－51.

[171] 张森，杨逸臣．中国体育用品产业国际化发展策略研究[J]．山东体育学院学报，2012，28（2）：18－23.

[172] 张艳霞，王凤仙．中国东盟自由贸易区升级版助推我国体育用品产业走出去[J]．武汉体育学院学报，2014，48（6）：61－65.

[173] 张燕中，李江，王静．“中国制造2025”背景下体育用品制造业供给侧结构性改革思考[J]．体育与科学，2017，38（3）：108－113.

[174] 章颖．福建省体育产业集聚水平测度及研究[J]．福州大学学报（哲学社会科学版），2017，31（2）：99－104.

[175] 赵承磊．“一带一路”节点城市的体育文化融入路径探析——以河洛体育文化为例[J]．吉林体育学院学报，2016，32（1）：5－6.

[176] 郑适，汪洋．中国产业集中度现状和发展趋势研究[J]．财贸经济，2007（11）：111－117.

[177] 郑展鹏．中国区域对外直接投资的空间效应研究——基于空间计量面板数据的分析[J]．经济问题探索，2015（7）：107－113.

[178] 周长富，杜宇玮．代工企业转型升级的影响因素研究——基于昆山制造业企业的问卷调查[J]．世界经济研究，2012（7）：23－28，86－88.

[179] 周强，杨双燕，周超群．区块链技术驱动体育产业创新发展研究[J]．体育文化导刊，2018（12）：82－86.

[180] 周云涛，储建新，白震．全球价值链视角下我国体育用品产业升级的调研分析[J]．武汉体育学院学报，2010，44（7）：55－57.

[181] 周云涛，张晓程，金琼，储建新，白震．全球价值链下我国体育

用品产业升级的研究［J］. 北京体育大学学报，2009，32（8）：26－29.

［182］朱华友，金环环，戴艳，蒋自然. 我国体育用品制造业转移的方向路径及影响因素——基于中国工企数据库的分析［J］. 武汉体育学院学报，2020，54（4）：59－66.

［183］朱华友，李涵，戴艳. 我国体育用品制造业国际转移的趋势及动力机制——基于全球生产网络视角［J］. 武汉体育学院学报，2019，53（8）：44－49.

［184］朱华友，王缉慈. 全球生产网络中企业去地方化的形式与机理研究［J］. 地理科学，2014，34（1）：19－24.

［185］朱建勇，战炤磊，薛雨平. 中国体育用品制造业全要素生产率变化及其影响因素研究［J］. 体育与科学，2014，35（6）：68－72，105.

［186］邹玉享. 中国体育产业集聚水平的空间分布及其演进趋势［J］. 统计与决策，2014（8）：137－139.

后 记

本书在教育部人文社会科学规划基金项目“我国体育用品制造业的去地方化问题与转型升级研究”（17YJA890002）的资助下完成。

历时3年，项目组在查阅大量资料的基础上，调研了多家工业园区和体育用品制造企业，得到了来自各方的帮助和支持。各园区和企业负责人及相关部门给予了积极热情的帮助和支持。在写作过程中，项目组公开发表了系列中期成果，得到了来自期刊编辑和评审专家的鼓励和肯定，同时他们的修改建议也为成果质量的提升提供了很好的帮助。浙江师范大学体育与健康学院为项目研究提供了很好的学术环境，学院领导和老师给予了很多的支持，在此一并表示感谢！

全书由戴艳组织设计并参与全部的研究、撰写过程，朱华友教授参与了全部研究过程并进行了全书统稿工作。李涵和李娜同学参与了第二章的撰写，金环环同学参与了第三章的撰写，夏磊和张帝同学参与了第四章的撰写，李娜同学参与了第五章的撰写，李娜和马骁同学参与了第六章的撰写。

本书参考了大量国内外学者的文献，在此表示衷心的感谢！

戴艳

2020年7月8日